Pedro Hinojos, El Vizconde de Gándara, Poeta.

Derechos Reservados:

Copyright 2016 José Luis Valerio

Editado y Publicado por José Valerio Publishing

ISBN (13) 978-0-9816039-2-6

    (10) 0-9816039-2-0

jluisvalerio@yahoo.com

Queda prohibida la reproducción parcial o total por cualquier medio, incluyendo fotocopiado, y realización de material basado en el argumento de esta obra, sin previa autorización expresa y escrita por parte del autor.

Diseño de portada y contraportada: Carlos Garrido

DEDICATORIA.

Se lo dedico a mi Madre, quien fue el contacto directo entre mi abuelo, su padre, y yo. ¿A quién más podría ser? A ella, porque aún escucho sus palabras y la forma como las expresaba cuando hablaba de su padre, don Pedro Hinojos. A ti madre, y que, aunque ya no estás entre nosotros, sé que desde lo alto contenta has de estar, porque este tu hijo ha hecho todo lo posible para rescatar y dar a conocer el legado poético de tu padre, El Vizconde de Gándara.

INDICE.

Prefacio. --- 4

Introducción. -- 8

Capítulo I. ¿Quién fue don Pedro Hinojos, Vizconde de Gándara y Marqués de San Julián?----------------------- 13

Capítulo II. ¿Qué opinan algunos escritores que tuvieron el privilegio de conocer al Vizconde de Gándara?--------- 24

Capítulo III. ¿Qué opina alguien que sabe de la materia, de otras de las especialidades de don Pedro Hinojos?----- 32

Capítulo IV. ¿Qué fue de don Pedro Hinojos?------------ 39

Capítulo V. Muerte de don Pedro Hinojos.---------------- 69

Capítulo VI. Producción de canciones y poemas del nieto del Vizconde de Gándara.------------------------------ 76

Acerca del Autor.-------------------------------------- 165

Prólogo.

El día que recibí por parte de mi padre este libro, supe que me iba a encontrar con algo muy valioso, mi pasado, y tal vez precisamente no el que se refiere a mi persona, sino el de mis ancestros, los que le dieron motivo a nuestra existencia, para entender el pasado, muchas veces como el libro lo aborda hay que buscar una revisión cronológica de los episodios y los momentos que ponen de manifiesto a la vida en sí misma.

Un poema es una expresión inmediata, a veces no meditada, simplemente un momento plasmado en palabras, un sentimiento, una necesidad de asentar aquello que nos acontece, y eso es lo que le sucede al que escribe, se encuentra, relata lo que uno es, lo que vive y apasiona, después la escritura se vuelve en una necesidad para encontrarnos como le ha pasado a cualquier poeta en la historia, lo mismo pasó San Juan de la Cruz que Baudelaire, Esopo, que a Eduardo Lizalde.

La poesía de este libro habla de lo más profundo del ser humano, de la culpa, de la conciliación, del amor, el personaje El Vizconde de Gándara no era otro que la confabulación de hacer un personaje de una corte aristocrática, educado en las letras, paladín de la justicia, bohemio, un personaje que de bríos de atino en su suspicacia muchas veces políticamente incorrecta en las anécdotas e historias de los personajes que enarbolaron sus relatos que se ven recopilados en esta publicación.

Este libro me atrevería a considerarlo una recopilación autobiográfica no autorizada de los atinos y fallas, donde los episodios de la vida de este agricultor, litigante, impresor, vendedor ambulante, periodista, operador ferroviario y revolucionario, pero sobre todo un personaje que tenía a bien ser un gran relator.

Estaría en un error catalogando a este personaje, porque a la vida no se le puede categorizar, la vida es vida desde el punto de vista que se quiera analizar; en la vocación que alguna vez habría ejercido Don Pedro Hinojos, El Vizconde de Gándara y Marqués de San Julián del periodismo, hay que fallar al adorno por la precisión.

Las alegorías son parte esencial de los textos contenidos en esta publicación desde el lugar donde nació, sus amores, incluso su muerte, Pedro Hinojos tenía esa cualidad en sus escritos, la de poder narrar a través de los demás su espacio, su tiempo, pero más importante le daba una característica muy importante a los personajes que deambulan en su poesía, desde el abogado, hasta el borracho, de la dama o los tarahumaras, del sentir al padecer.

Pedro Hinojos fue el personaje detrás de el Vizconde de Gándara, querido por muchos, atendía según los escritos respecto a su vida y muerte los oficios en los que se vieran beneficiados sus vecinos de Chihuahua, en especial de su natal Parral.

La imaginación de Pedro Hinojos pudo crear momentos que conquistaban la sonrisa de quienes tuvieron la suerte de conocerlo, si bien como dicen algunos de los narradores, el Vizconde de Gándara tuvo un sepelio modesto por los momentos de precariedad económica que atravesó Hinojos, sin embargo, ese talento y excentricidad verdaderamente motivaron que el recuerdo colectivo en las letras que vertió dentro del "Heraldo de Chihuahua" le haya ganado la batalla al tiempo pues su memoria perseverará.

Por las páginas de este libro el lector descubrirá momentos de la vida de este ilustre personaje, así como del escritor detrás de él, además encontraremos los poemas de su nieto, mi padre, que, siguiendo los pasos de su abuelo, revivió el interés por las letras, incluso en el mismo medio, "El Heraldo de Chihuahua", mostrando su visión por la vida, la bohemia, el pugilismo y de los eventos con los que ha decidido su vida.

Como lectora encontré mucha satisfacción e incluso diversión en los pasajes de este libro, estoy segura que quien decida tomar este libro en sus manos encontrará vidas que valen la pena contarse, justicia que siempre debe de perseguirse, o como diría el Vizconde de Gándara: "pongan un cerco de doce hilos alrededor del Tribunal de

Justicia y suban los postes a metro y medio, para que no se salieran los bueyes que ahí impartían la justicia".

Claudia Abril Valerio Cortés.

Don Pedro Hinojos

El Vizconde de Gándara

INTRODUCCIÓN

Cuando un poeta es comparado de alguna manera con Lope de Vega, como lo hizo el profesor Martín H. Barrios Álvarez en su "Ofrenda al Vizconde de Gándara" el día en que falleció el 16 de febrero de 1952, es digno de valorarse. El profesor les comentaba a sus alumnos en varias de sus clases que impartió en el Instituto Literario de Chihuahua, Mx: "Le perdí de vista por cinco años o mas, pero un día en las páginas de El Heraldo vi los versos del Vizconde de Gándara, leídos con atención me detuve de improviso, sorprendido; los sonetos de Lope de Vega, el Fénix de los ingenios y monstruo de la naturaleza los asocié, por aquella casualidad con el nombre de Don Pedro Hinojos poeta, porque en el vuelo lírico de aquella producción había algo que no disonaba en mucha medida de la producción del viejo ingenio español".

Cuando el escritor Miguel R. Mendoza después de su regreso a Chihuahua en 1938 comenta: "Empecé a leer con fruición en los periódicos de Chihuahua, unos poemas de corte impecable y factura exquisita. Iban firmados con seudónimo novelesco: Vizconde de Gándara". Y agregó: "En el próximo artículo intentaré valorizar su poesía, patética y extraña como la de Baudelaire, llena de resonancias agrestes y bizarros simbolismos como la de Herrera y Pressing".

Cuando el escritor Mariano Salcedo Zaragoza en su libro Personajes Notables de Parral incluye en su capítulo sobre los poetas Parralenses el nombre de Don Pedro Hinojos "Vizconde de Gándara" y menciona: "Por si no fuera suficiente, es fantasma huésped de la Quinta Gameros, dado que vivía en el sótano de tan suntuoso edificio y, sus colaboraciones en El Heraldo de Chihuahua, las firmaba indistintamente con los seudónimos de Vizconde de Gándara o Marqués de San Julián". Y agrega "Según la costumbre de la época, los textos poéticos de Pedro Hinojos Gándara parecen en permanente transición entre el romanticismo y el simbolismo, entre anhelos místicos y un realismo estridente, entre preguntas frívolas que aparentan profundidad—"¡cuán raro es no caer aprisionado/ en un caos hiriente de preguntas!"--y descripciones del paisaje de la decadencia que nos recuerdan a Díaz Mirón. Una valoración mas justa de la poesía del Vizconde de Gándara solo será posible en función de nuevos hallazgos y recuperaciones de sus textos dispersos".

Cuando el distinguido y muy respetado abogado penalista y notario Lic. Oviedo Baca García, quien conoció personalmente al Vizconde de Gándara, tanto a mi hermano Mario como a un servidor nos contaba en su despacho algunas anécdotas de nuestro abuelo cuando éste litigaba en los diversos juzgados del estado de Chihuahua: "Recuerdo en uno de los pocos casos que su abuelo perdió como litigante, y en esa ocasión los argumentos de su abuelo fueron afectados por la total y flagrante parcialidad del juez, de tal manera que al final, cuando el juez dio su veredicto en contra del defendido por Don Pedro Hinojos, él le dijo al Sr. Juez: "Con todo respeto su señoría, no me cabe la menor duda de que es usted un inepto" Con ello quedaba demostrado ante nosotros la valentía cabal del Vizconde de Gándara, esa valentía misma que el escritor Alejandro Pérez de los Santos en sus Memorias de un reportero, en el periódico La Tercera Edad, escribió en un artículo titulado: Uno que "hizo rajar a Pancho Villa" parte de ese articulo dice: "Pancho, mirando a su alrededor vio que un hombre estaba cerca y le dijo "Oye tú, dile a mi asistente que me mande el jorongo" El hombre aquel ni se inmutó, se quedó mirando. Villa repitió: Anda, ve tráeme el jorongo" Nuevamente la respuesta fue similar, por lo que el Centauro del Norte hizo una señal y varios soldados se acercaron corriendo. "Haber- exclamó Pancho Villa- haber si me truenan a este infeliz sordo, pero ya" Mi general, dijo el hombre ¿Y quién lo va a llevar a Chihuahua? Yo soy el maquinista del tren, y además yo no soy soldado y yo solo cumplo órdenes, pero con órdenes del ferrocarril. El hombre aquel era Don Pedro Hinojos, el Vizconde de Gándara y Marqués de San Julián".

Por todos esos "cuándos" y por mucho más, he decidido y considero pertinente el escribir este libro acerca de Don Pedro Hinojos, El Vizconde de Gándara, para valorar su obra y su vida. Este libro incluirá parte de su poesía, así como anécdotas y crónicas de la misma. Dije parte de su poesía porque desgraciadamente un baúl completo de su producción literaria fue extraviado en la ciudad de México, y es muy posible que algunos han hecho "caravana con sombrero ajeno"

Pero, aunque solo existiera un solo poema de Don Pedro Hinojos, y que no es el caso, esa sola producción bastaría para darse cuenta de que no fue un poeta accidental, de que existe en ese poema no solo la inspiración de las musas, sino la belleza de sus versos, la métrica y estructura casi perfecta de su obra, sin pasar por alto su vasto vocabulario y la profundidad de su mensaje que él quiso trasmitir. Solo basta recordar cuantos artistas del arte, la música y la cultura han tenido renombre mundial mediante una sola producción.

Además, y tomando en cuenta todas las distancias, este libro incluye parte de mis canciones y poemas. Solo quiero mencionar que empecé a escribir poemas cuando de repente me dije: "Si tú eres nieto de Pedro Hinojos poeta y eres hermano de Mario Valerio, quien fue el presidente de la Asociación de escritores de Chihuahua, entonces ¡Tú puedes escribir poemas! Eso fue todo, tomé pluma y papel y empecé a escribir mis primeros "pininos" de poemas, ya ustedes juzgarán.

Ing. José Luis Valerio Hinojos.

CAPÍTULO I

¿Quién fue Don Pedro Hinojos, Vizconde de Gándara y Marqués de San Julián?

Antes de saber quién fue Don Pedro Hinojos, me gustaría compartir una de sus producciones poéticas, y para ello me apoyaré como introducción en un escrito de mi hermano Mario para el Heraldo de Chihuahua, cuando él era colaborador del mismo. El título del artículo es: Legado del Vizconde de Gándara.

Una vida que se apaga y otra que se enciende........

En días pasados que visité a mi Sra. Madre, Doña Claudia Hinojos, ya después de degustar unos democráticos frijolitos, se puso buena la plática, no teniendo mas remedio que acompañarla con un café negro sin pizca de azúcar, pues así lo toma ella y quien tenga la fortuna de visitarla. Esa noche me enteré de algo que me sobrecogió el alma y que a mis cuarenta años ignoraba. Mamá me relató que un frío día de febrero de 1952, en el vetusto Hospital Central, mientras mi abuelo don Pedro Hinojos fallecía ella daba a luz a quien esto escribe. ¡Paradoja de la vida!

En momentos de reflexión, he pensado que es una lástima que aquel caudal de conocimientos, habilidad, creatividad, etc. que llega a tener una persona se vayan con ella al morir. Aunque claro está, queda su herencia cultural y lo que termina es su capacidad científica o creativa que aquel cerebro revolucionó, y la cual quisiera que se trasplantara a otra persona para su perpetuidad y provecho común ¿Se imagina usted querido lector? Sería un mundo de primer nivel o un mundo con una sociedad caótica ¿Usted que cree?

Bien, esta producción se titula y dice:

PENSATIVA
Cuando miras que invierno reviste
ramajes y rocas de raro marfíl
y en los ámbitos vaga y persiste
nota lenta de queja sutíl;

Si adivinas que del edificio
se desliza a través de los muros
o de espejos manchados o puros
leve sombra de ser funeral;

Y quedarse cual aguas dormidas
en paisaje de angustia espectral
silenciadas las arpas queridas
pero insomnes los ojos del mal;

Grave piensa en tanta desdicha
de los pequeñines que viajando van,
pobrecitos, ansiando caricias,
hacia el fondo de la inmensidad.
Comenzar por ver complacido
el revuelo de átomos plenos
de colores fugaces y tremos
en palacio, casona o jacal;

Y finara por quedar dormido
remontando sus alas de seda
hacia fronda exquisita y sincera
donde pueda a su árbitro jugar.

El diciembre les trae los juguetes
a "los niños buenos" el buen niño Dios;
y los "malos" no vierten miradas
ni de envidia, venganza o rencor;

Se supone no tener cachetes
que ameriten ni briznas de amor;
y a las luces de blanca alborada,
o en la noche medrosa en color,
esta frase repiten calada:
¿Seré malo? – Sin duda, lo soy.

Y quedito se marcha, así, el ángel:
(nunca zapatitos tuvo ni comió)
y las flores que él tanto anheló
fueron varias personas a darle
cuando ya no las necesitó.

                Pedro Hinojos
Vizconde de Gándara, Chihuahua, Chih. Diciembre de 1943

*Bueno, Don Pedro Hinojos nació en 1885, originario de Parral, Chih. Sus padres fueron el Sr. Longinos Hinojos y la Sra. Eleuteria Gándara. En su juventud fue escritor y secretario en los juzgados de Hidalgo del Parral. A principios de 1900, fue llamado para fungir como juez. Y en los viejos infolios de los expedientes fue dejando con su magistral caligrafía, de hermosa letra, siempre clara, de rasgos finos, lo que los maestros del derecho habían opinado sobre varias materias de orden jurídico.

Y así fue como Don Pedro era una figura siempre amable, siempre cortés, en los tribunales de Chihuahua capital y de otros lugares próximos o lejanos, pues había nacido para eso. Para vivir dentro del círculo en que fueron maestros Papiniano, Hermogeniano, Jusianino y Paulo.

Llegó la revolución y Don Pedro Hinojos se vio incorporado a la División del Norte, en puestos administrativos como fueron la jefatura política de Indé y la de administrador general de Canutillo, ambos en Durango; en cuyos puestos, su rectitud le conquistó tragos amargos y momentos en que peligró su vida.

Nuevamente en Chihuahua, por 1920 editó en su segunda época el periódico El Crisol, desempeñó puestos en el poder judicial y participó en la política, habiendo figurado como candidato libre a presidente municipal y diputado local. Durante la campaña del general Ignacio C. Enríquez, figuró prominentemente en el partido que lo llevó al poder teniendo a su cargo la dirección del órgano publicitario (J.

Guadalupe Sosa, 18 de febrero de 1952) Don Pedro pretendía la presidencia municipal de Parral, su lugar de origen, pero estando ya designada a otro político, el general Enríquez le propuso la presidencia de Ciudad Juárez, la cual declinó, pues su ilusión era servir a su terruño.

El Vizconde de Gándara fue buen esposo, amante, padre cariñoso y hombre hogareño, pero como el dijo en uno de sus versos: "Las hadas maléficas quebraron mi copa rebosante de felicidad" viniendo un viraje en la vida del gran poeta. Para Don Pedro Hinojos sólo contaba la poesía, y su sola ilusión era sacar octavos reales a su numen prodigioso.

De este Vizconde privilegiado de las musas, pero desposeído por un destino que él se forjó duro, indiferente a los bienes materiales y lleno de las penurias del poeta sin hogar, sin el calor de una familia aunque la tuvo; de ese poeta puede decirse sin caer en exageración, que fue el último bohemio chihuahuense; el postrer romántico al estilo de aquellos melenudos del latín Quartier de París que brindaban con la última moneda, comían con la invitación del amigo, y dormían donde se les oscurecía sin parar mientras en el mañana.

Fue un personaje muy popular, Chihuahua entero le conocía, ¿Cuántas veces se le vio recitando sus composiciones en plena calle, plazas; y en las madrugadas a la calle-escuela recitó sus poemas?

El Vizconde de Gándara entre sus bellos poemas cantó a Parral; obra que está integrada de seis poesías en que narra su geografía, su fundación, su historia, la sociedad parralense, etc. Recibió diploma de honor en literatura en la Jornada Cultural Artística de octubre de 1943; y diploma de mérito en la Jornada Cervantina de septiembre de 1947.

*Esta biografía fue dada y publicada por Mario Valerio Hinojos en El Heraldo de Chihuahua con el título de: Semblanzas del Gran Poeta Don Pedro Hinojos, Vizconde de Gándara y el subtítulo "El último Bohemio Chihuahuense" el Domingo 6 de septiembre de 1992.

Cuando yo nací mi abuelo había muerto cinco años atrás, así es que lo que yo supe de él lo supe directamente de mi madre. Ella me comentaba que efectivamente mi abuelo, el Vizconde de Gándara había sido un esposo y padre amoroso y responsable. Pero que una vez hizo un viaje a Parral y que a su regreso "era un hombre completamente diferente, algo lo había transformado" La verdad es que ni yo, y probablemente nadie sabrá nunca la verdad sobre la razón de ese cambio que afectó su vida de una manera tan drástica, así como la de su propia familia, especialmente su esposa, ese secreto se lo llevó Don Pedro Hinojos a la tumba. De lo que estoy seguro es que mi abuelo le pidió perdón a mi abuela, pero ella nunca le perdonó, y eso lo

asevero en base al bellísimo, profundo, pero triste poema
que a continuación expresa:

PROMETEO ACTUAL.
"Caí desde el crestón más culminante
de tu Olimpo magnífico de diosa;
caí porque adoré tus palideces
y la adelfa sagrada de tu boca.
Porque soñé que tus brazos desnudos
me formaban espléndida corona;
y porque en medio de mi fiebre quise
embriagarme de amor con tus aromas" ….
(Dr. Rafael Cabrera, en "Prometeana", 1910)

"Caí desde el crestón más culminante"
a tétrico lugar de negras rocas;
caí porque mi orgullo y el tu orgullo
fueron intransigentes, de almas locas.
Alas de águila el mío y felinas
Garras en lides…. Pero tú, señora,
gracias en cuerpo, virtudes de ranchera,
bronca la voz que antaño fuera armónica.

Más… hay que ir con la cronología:
Retrocedo a cuando la cianógena
cauda del Halley atravesó la Tierra.
Tú modesta, brillabas entre mozas
que en las fiestas de mayo en Santa Rita
concurrían alegres, primorosas;
y te elegí en silencio, poseído
de súbita emoción encantadora.

Entonces para el mundo, rico o pobre.
era todo armonía, había rosas,
lirios, claveles, mirtos, pensamientos,
y violetas en césped pudorosas;
gardenias, camelias, eglantinas;
laureles, inocencias, tuberosas;
mantos y nomeolvides; había orquídeas
más tantas joyas de opulenta flora.

......El sacerdote, el juez civil, actuaron
tiempo después en dignas ceremonias;
amigos y familiares se reunieron
en convivialidad grata y donosa.
Así pasaron, si, breves las horas
y al despuntar la peregrina aurora
saludó al nuevo hogar que, en su optimismo,
desafiaban al futuro a lucha heroica.

......Arribaron los vástagos tiernitos;
los que ahora están fornidos y en hermosa
hermandad, siempre unidos, alternando
con todas las clases trabajadoras,
con aquellos que a fuerza de talento
y en virtud-no todos-son personas
adineradas; con la clase media;
con quien por infortuna está en la inopia.

Es verdad que la dicha abarcó lustros
con las alternativas transitorias
de abundancia, penuria y de pobreza
pero firme el hogar de perla y roca.
Empero hadas maléficas, funestas,
filtraron la ponzoña en nuestra copa;

fricciones... futilezas... y ¡ay! Las frases
hirientes, crueles, ríspidas, y tontas.

¡Sí! aquí estoy en abismo aprisionado
por las tinieblas entre bajas rocas,
acosado por las listas sabandijas,
la vestimenta enlodazada y rota,
atormentado por la sed o el hambre,
en una situación ignominiosa;
ya en días calurosos irritantes;
ya en gélidas noches tenebrosas.

Estoy así lo estoy porque yo quiero
entre sombras y cosas pavorosas
estar martirizado, entristecido,
encadenado por mi venia propia.
Tal es mi condición. Tal mi carácter
la gente brava que una vez implora,
al no ser perdonado en sus errores
no volverá a pedir misericordia.

Pasó mi juventud, la nieve cae
inexorable sobre el ala floja
y sobre garras de felino flácidas
que fueran indomables en otra hora.
(En las horas magníficas de cuando
escuchando tus frases melodiosas
y cambiando caricias con los niños
me sentía de fuerza portentosa.

Y sigo contumaz. Quizá te alaben
las azucenas, lirios y las rosas,
los nardos, y te briden sus aromas

cuando notas y voces exquisitas
lograren arrancarte a mi memoria
-ya difuntos los odios y rencores
en silencio una lágrima piadosa.

No he podido evitar el derramar unas lágrimas después de haber transcrito este poema, y lo he hecho, porque pude sentir el sufrimiento que mi abuelo había padecido, porque me di cuenta que a veces lo que uno más ama, es lo que nos destruye. Con ello viene a mi memoria los versos que el joven y gran poeta, pero también malogrado Martín Acuña, le escribe a su "diosa" inalcanzable: Rosario. Pero también derramé esas lágrimas porque si no hubiera sido así, jamás usted ni yo hubiésemos tenido la oportunidad de tener acceso a una producción de esta medida y calidad.

Será de alguna manera pues un poco difícil el definir quién fue Don Pedro Hinojos, El Vizconde de Gándara y Marqués de San Julián, al menos para mí. Pero estoy seguro que por fin se valorará su obra, más bien que su vida, y que quizá el abuelo tenga la oportunidad de recibir un reconocimiento a la altura de su estatura, y que este sirva para compensar cualquier "error" como él le llamó, que haya cometido en su vida.

CAPÍTULO II

¿Qué opinan algunos escritores que tuvieron el privilegio de conocer al Vizconde de Gándara?

Para cumplir de una manera cabal en este capítulo voy a transcribir algunos artículos que mi hermano Mario Valerio Hinojos tuvo a bien en escribir para El Heraldo de Chihuahua.

Legado del Vizconde de Gándara

Hace un mes, cuando escribí unas semblanzas sobre la vida del licenciado Pedro Hinojos; recibí una llamada telefónica del Sr. Juan Holguín. Uno de los motivos de dicha llamada fue por la poesía "Por siempre jamás" que apareció en el artículo; el Vizconde se la dedicó a don Juan y a su entonces esposa Aida. Me invitó a su casa ese Domingo en la tarde donde pasamos una velada muy amena en compañía de su respetable esposa. Don Juan Holguín es un chihuahuense muy distinguido, fue presidente del Instituto de Estudios Históricos de Chihuahua en 1976. Creador de la medalla "Abraham González" para los chihuahuenses más distinguidos en los distintos aspectos del arte y la cultura.

Me hizo saber que a raíz del soneto "No es todo" publicado el 24 de noviembre de 1943, él escribió una nota al director del Heraldo, y a partir de dicha misiva fue como trataron amistad don Juan y el maestro, como él le llama a don Pedro. Hemos platicado dos veces más, pidiéndome el Sr. Holguín la carta, la cual le entrego hoy al transcribirla tal cual fue:

El Sr. Juan Holguín con domicilio en Coronado 707 nos pide la publicación de una carta que dice:

Señor director de El Heraldo de Chihuahua: Muy señor mío:

Rara vez tiene uno el privilegio de encontrar en las columnas de un periódico, algo de valor tan duradero como el soneto del Licenciado Pedro Hinojos que apareció el Domingo en el Heraldo, creo que debe uno de demostrar su gusto y agradecimiento. Es por eso que escribo ahora, esperando que por este medio mí estimable Licenciado y Vizconde de Gándara sepa, que para mí es más satisfacción que estos títulos transitorios, él puede lucir el título que sólo los dioses saben otorgar: el título de Poeta.

Es la feliz excepción encontrar hoy en día un poema de la belleza austera, sencilla y varonil como el soneto titulado "No es todo" que publica Hinojos; y entiendo que, si nuestro poeta pudo hablar así una vez, puede hacerlo otras más. Al felicitarlo por esa publicación señor director, sólo le suplicaría de la manera más atenta que de serle posible, dé usted cabida en su diario a más producciones del mismo cuño.

Su Affmo., Atto. S.S.
Juan Holguín.

A continuación, escribo los dos poemas que en este artículo se refieren, valiendo la pena decir que uno de ellos: "No es todo" lo publiqué en mi propio libro "El Boxeador de la Vida Por Experiencia Propia" en la página treinta cuando mi hermano Mario falleció;

"NO ES TODO"
Aquél, la cuya suerte es ya rigores
suerte chaparra, mínima, o pigmea
al que implacable tonta Dulcinea
lo hiere en sus más íntimos amores;

Ese que aún entre invierno porta flores
naturales en blusa raída y fea
y como clown genial baila y bromea
mientras más lo entristecen los licores;

En las noches secretas de sus penas
ve que no son tan duras sus cadenas
puesto que Dios romperlas puede un día!

Y dejando que en apariencia inerte
dulces sueños gozar eternamente
ya arrancado del claustro de la vida.

"POR SIEMPRE JAMAS"
Jugando, jugando en forma armoniosa;
ufanos riendo; bailando can-can;
aquestos amigos las persimoniosas
nostalgias admiran de mi ancianidad.

Hallando las felpas de parques verdosos;
ostentando, lindos, la su lozanía,
largan con fineza inceremoniosa
galas siempre innatas de la bizarría.
usando -arbitrarios-con el su desgaire
indudablemente del derecho que
nadie ha de quitarles por jamás... ¡Amén!

¿Amén... ¿Así sea? ...En Egipto hubo
ibis de plumajes bañado de luz;
duendes juguetones, dioses iracundos;
arrogantes gatos, fornido avestruz.

Ritos, exorcismos; gramática huraña;
ídolos terribles de mirada extraña
viendo con las cuencas de sus ojos fríos
al de ignotas fuentes anchuroso río;
soberanos jóvenes que eran a la par
dioses de su pueblo que decían "si"
a veces negaban no más "porque si".

...Hollando las sedas de parques umbrosos
patentando, bellos, su gran lozanía,
largan porque gustan de ser amistosos
galas que nacieron con su bizarría
una y otras veces, risuelos al bien
indudablemente que su valentía

no tiene derecho a negarse ¡Amén!

Se publicó en la Antorcha el 7 de Julio de 1944

El año pasado recibí un correo electrónico del editor y escritor Miguel R. Mendoza G. a quien infortunadamente aún no tengo el honor de conocer. Ese correo decía:

Estimado don José Luis.

Gracias a Conchita acabo de leer su libro "El Boxeador de la Vida Por Experiencia Propia". Su lectura me ha resultado muy estimulante, lo cual le agradezco. Quiero comentarle que mi padre, el escritor chihuahuense Miguel R. Mendoza (1901-1966) escribió hace muchos años una semblanza de su abuelo Pedro Hinojos y que fue publicada en el Heraldo de Chihuahua. Se la adjunto con todo respeto. Yo estoy actualmente editando la obra de mi padre y tengo a la fecha dos títulos: "Al comenzar el día" (breves ensayos filosóficos) y "El ángel a la orilla del camino", una novela póstuma, que pongo a su disposición cuando venga usted a Chihuahua. Estoy seguro que al menos "Al comenzar el día" le gustará mucho. Un abrazo.

EL VIZCONDE DE GANDARA

Por Miguel R. Mendoza

Allá por el año 1938, un poco después de mi regreso a la Patria, tras 15 años de trashumante y contradictoria estancia por tierras del Tío Sam, empecé a leer con fruición en los periódicos de Chihuahua, unos poemas de corte impecable y factura exquisita. Iban firmados con seudónimo novelesco: "Vizconde de Gándara".

Años más tarde, intrigado aún por la identidad del excepcional poeta, durante una visita a la redacción de "El Heraldo" inquirí de mi amigo Gilberto E. Tapia, si conocía al enigmático Vizconde.

"Si quieres conocerlo, ven- me contestó con una sonrisa maliciosa. Y me condujo por entre prensas y linotipos hasta un rincón semioscuro y polvoso del taller. Tumbado sobre un montón de periódicos vi a un hombre, como de unos 45 años de edad, de rostro rubicundo y escasa pelambra, que sin lugar a dudas dormía la "mona". Vestía un pantalón de pana ayescada y una "yompa" de proletaria mezclilla.

"Ahí le tienes"- exclamó mi amigo-cuando despierte te lo presento".

Estoy acostumbrado a no azorarme de nada en la vida. Pero confieso que me costó algún trabajo fundir la imagen que los poemas leídos, aristocráticos y delicados, plenos de fantasía y sensibilidad, me habían sugerido, con la figura desgarbada, prosaica y pintoresca a la vez, aquel hombre de ojos azules, llenos de picardía que, con la magnífica mente llena todavía de nublos alcohólicos, luchaba denodadamente por imprimirles a sus palabras una semblanza de coherencia.

Supe así, por su propia boca, que era oriundo de Parral, que su verdadero nombre era Pedro Hinojos. Que había sido ferrocarrilero, agricultor, litigante, impresor, vendedor ambulante y revolucionario. "Noble por propia iniciativa y poeta por decreto de Dios"- concluyó con simpática sonrisa, un tanto burlona. Y para sellar nuestra recién iniciada amistad, me obsequió el poema que reproduzco a continuación, escrito con pulso tembloroso y abigarrada caligrafía, según me dijo, durante una breve estancia en Julimes.

LA ACEQUIA
Regulamente llega, está y se aleja
entre álamos, espadañas, amapolas;
glauca, profunda y trémula refleja
troncos, tallos, ramas y corolas.

Su placentera faz roza Favonio
mientras en Flora bulliciosa piensa...
¡Ah! Miremos: ahí viene un matrimonio
de patos revisando la despensa.

Discreta y grave transcurrir se mira

renovando pequeños remolinos;
cantares a su bella imagen inspira
hondos, sencillos, puros, peregrinos.

Y múltiples hoyuelos vagorosos
forma y deshace entre incontables guiños,
¡Sólo tienen hoyuelos más graciosos
las sonrientes mejillas de los niños!

Martín Barrios Álvarez y J. Guadalupe Sosa han escrito sendas semblanzas biográficas. En próximo artículo intentaré valorizar su poesía, patética y extraña como la de Baudelaire, llena de resonancias agrestes y bizarros simbolismos como la de Herrera y Reissing, a los que, cosa rara, nunca había leído.

CAPÍTULO III

¿Qué opina alguien que sabe de la materia, de otra de las actividades de don Pedro Hinojos?

Como ya se ha establecido, en otras de las materias además de la literatura que Don Pedro Hinojos incursionó, y que lo hizo también de una manera magistral, fue en la materia de la Jurisprudencia. Y creo sin lugar a dudas que el más indicado para hablar sobre esto es el distinguido, respetado y famoso, y también porque no ¿Temido?: Licenciado y Notario Público Oviedo Baca García, quien él y su papá don Adolfo Baca conocieron también muy de cerca a don Pedro Hinojos.

Tengo viviendo en Estados Unidos 26 años, pero si hoy por hoy, tuviera yo la necesidad de los servicios de un abogado en el País de México, no dudaría ni por un segundo el contratar los servicios del Licenciado Oviedo Baca García o de su gran sucesor y amigo mío Licenciado Adolfo Baca Magaña, su hijo. Y lo haría en virtud de su sapiencia, habilidad e inteligencia. Si se me propusiera definir y calificar con una sola palabra en inglés tanto al Licenciado Oviedo Baca García como a su hijo Adolfo Baca Magaña esa palabra sería: Clever (Astuto).

En estos comentarios que el Licenciado Oviedo Baca García tuvo la gentileza de hacerle a mi hermano Mario Valerio Hinojos, encontraremos también algunas anécdotas de Don Pedro Hinojos, y estos fueron publicados en el Heraldo de Chihuahua como:

Legado del Vizconde de Gándara

El miércoles 26 del mes en curso tuve el gusto de estar en el despacho del Licenciado Oviedo Baca García, saludarlo y disfrutar de esa forma tan especial de ser de don Oviedo, amén de su peculiar manera de recordar y contar anécdotas de personajes con los que ha convivido. Meses atrás tuvimos una charla por teléfono y quedó la invitación abierta para continuarla, situación que se dio ese día.

En un artículo publicado el año pasado mencioné de la amistad de don Adolfo Baca con don Pedro Hinojos. Debido a ello le pedí a don Oviedo que platicara más al respecto y en menos que canta un gallo, el famoso licenciado, entrecerrando los ojos, comenzó: "Mira, profesor, mi padre fue juez en Ciudad Camargo, litigó y sabía todo lo concerniente a la jurisprudencia; fue también un hombre que nació en el siglo pasado- y muy orgulloso, el licenciado voltea hacia la pared en donde tiene una fotografía de él, su padre- al igual que Pedro Hinojos. Por cierto, que fue él quien enseño a litigar a Soto Máynez cuando éste residió un tiempo en Camargo. Resulta que cuando el Vizconde de Gándara iba a Camargo llegaba a nuestra casa, reuniéndose en ella la crema y nata de los intelectuales de la Ciudad, entre ellos el Barba Azul- hombre dado a las letras-, a quien el Vizconde muy seguido le regalaba libros de poesía sentenciándole: "Mi querido Barba Azul, te traigo estos libros, que si los lees y los comprenden son un tesoro; ¡cultívate y consérvalos!" A lo que después el Barba Azul presumía a sus conocidos "El Vizconde de Gándara me regaló unos libros que son un tesoro". Reunidos ya los letrados en casa, conversaban, opinaban e invariablemente llegaban al punto de la discusión en relación a la obra de Sor Juana Inés, Rubén Darío, Lope de Vega, Gonzalo de Berceo, etc.

Aquí en Chihuahua, en el lapso de 1920 y 1950, fueron cuatro los licenciados más conocidos: Longinos Bugarini, López Hermosa, Sarracino y, por supuesto Pedro Hinojos. Recuerdo en una ocasión en que el Vizconde estaba protestando y criticando al gobierno de Talamantes; eso fue en la Plaza Hidalgo, cuando la crítica estaba en su mero punto, y de pronto se vio surcar por el cielo de Chihuahua un globo aerostático; la gente distrajo su atención, pues era la primera vez que veían ese artefacto aéreo. Al día siguiente, don Pedro Hinojos entró de rodillas al juzgado, a lo que le preguntaron: ¿Qué pasó licenciado? ¿Qué sucede? Contestándoles el Vizconde: "Vengo pidiendo clemencia y misericordia al cielo. ¿Cómo es posible que por un simple globo el pueblo de Chihuahua pierda su conciencia cívica y vea por un mejor gobierno? Por eso estamos como estamos, ¡Pueblo Globero! qué humor, qué irónico y célebre era el Vizconde- prosigue don Oviedo-. Nada más que te des cuenta de quién fue Pedro Hinojos; te diré que el Vizconde de Gándara fue en Chihuahua lo que el hombre del corbatón al Distrito Federal.

Ya para terminar-porque podría contarte mucho más-, te diré que el Vizconde era muy seguro a eso de las diez u once de la mañana en el juzgado de distrito, y muy a menudo- a raíz de la injusticia prevaleciente en aquel tiempo-decía a los cuatro vientos "que pusieran un cerco de doce hilos alrededor del Tribunal de Justicia y subieran los postes a metro y medio, para que no se salieran los bueyes que ahí impartían la justicia". Era canela pura el Vizconde de Gándara.

Me despedí del licenciado Oviedo Baca después de una hora, no de cambiar impresiones, sino más bien de escucharlo; lo que aquí entre nos y en confianza me pareció un instante, pues don Oviedo Baca, platica muy sabrosamente.

A continuación, publico la siguiente producción poética que don Pedro Hinojos le dedicó al que fuera Gobernador de Chihuahua y Procurador General de la Republica, al licenciado Oscar Flores Sánchez en 1943:

"¡DIVINO SALVE!
¿Qué puedo remitirle aquél mi admirador
que al encontrarnos cuádrase y díceme "¡Divino
Salve!" ... Pues ya que somos los dos de buen humor
le espetaré unas frases que no pidan favor
a las sonoridades del verso alejandrino.
Allá le van, Que expresen alguna idea clara
no se lo garantizo. El numen que yo empleo
no es atortugado. ¡No más eso faltara!

A quien, cuando recuerda de ancestros tarahumaras
se le hace chapurneco Gonzalo de Berceo!

Las rachas rebramaron sobre la fuerte encina;
volaron cardosantos; hirieron al trigal;
dejaron las campiñas en desolada ruina;
a los algodonales trataron con inquina,
más no causaron daño al viejo mezquital.

Hicieron que guijarros rodaran hasta el río
con estruendosos golpes sobre el tenaz relis;
en cambio, al majestuoso pinar su señorío
dejaron conservar en las alturas frío,
incólume, soberbio, magnífico y gentil.

¡Mirad las alamedas: mirad como palpitan;
hay vida propia en ellas, hay alma, hay emoción:
sensibles al ultraje del vendaval se irritan:
y en las profundas noches de soledad recitan
un himno sonoroso de innata devoción!

Suspendo bucolismos. Papel ya "racionado"
-le advierto, mi jurista, simpático aviador-
nos tienen por la guerra que si no ha terminado
posible es que se deba a que usted no le ha entrado"
Llevándome a su lado en un tetramotor

              El Vizconde de Gándara.

Para concluir este capítulo me gustaría hacerlo con una anécdota que el propio licenciado Oviedo Baca García le comentó a mi hermano Mario. Muchos y buenos licenciados y abogados ha generado el gran Estado de Chihuahua, pero uno de ellos, sin lugar a dudas ha sido Oviedo Baca García, cualquier persona en Chihuahua lo sabe, sea o no abogado. Bien esa anécdota fue publicada en el Heraldo de Chihuahua y dice así: "Guardando silencio, como recordando, el licenciado Oviedo Baca me dice: -Era yo un chiquillo como de nueve años, cuando el Vizconde llegaba a casa con mi padre, en donde pasaban horas y horas charlando de diversos temas. Cuando en ocasiones cometía una travesura, el Vizconde me decía: "muchacho ojos color de gato entre la leña, tú vas a ser licenciado" ¡Y qué clase de licenciado! Él fue quien me pronosticó mi profesión".

Recuerdo una ocasión en que el Vizconde llegó a mi casa y viendo a mi padre preocupado, le preguntó los motivos. Mi papá- que era originario de Camargo- le platicó que había tenido dificultades con el presidente Municipal de Camargo, habiendo llegado a recordarle el 10 de mayo. El Vizconde le recomendó que no se preocupara, que todo tiene arreglo en esta vida y se despidió. Tiempo después regresó acompañado del presidente Municipal ofendido y los tres se encerraron en la sala, donde estuvieron más de una hora en la cual el Vizconde recurriendo a su amplio léxico y aplicando el método aristotélico, logró convencer y dejar satisfecho al agraviado, concluyendo que las fricciones e insultos por parte de mi padre, habían sido con amor y proferidas por el alta estima que le tenía. Dando por terminado el asunto el Vizconde exclamó: "Bien, ahora se dan un abrazo y como aquí no ha pasado nada, me retiro porque tengo que pasar a "El Heraldo" a dejar unos escritos". Así es maestro, dijo Oviedo, puedo contarte muchas más anécdotas del Vizconde.

CAPÍTULO IV.

¿Qué fue de Don Pedro Hinojos?

Este capítulo está basado en una publicación que se realizó en el Heraldo de Chihuahua por el profesor Mario Valerio Hinojos.

¿Qué fue de Don Pedro Hinojos, ilustre litigante y azote de los leguleyos rábulas? Gustaba de proclamarse como el "Vizconde de Gándara" y su vasto léxico extraordinario e interminable del arte de manejar y combinar el verbo, daban el origen, las razones de su nobleza, que por desgracia el tiempo ha borrado de la memoria.

Respuesta a una pregunta...... formulada ocho años atrás por Luis Ochoa Minjarez en su artículo publicado en el Heraldo (enero 1984):

En efecto mi estimable don Luis, fue la época de Don Pedro, los tiempos de la abogacía empírica o los tiempos de Don Pedro a la época de la abogacía empírica, ya que no existía en aquel entonces la Facultad de Derecho en Chihuahua. Como usted lo afirma fue amante del buen manejo y aplicación de las leyes a favor de los pobres y desheredados. No recordar a don Bonifacio Fierro -quien tenía la misma conciencia de la justicia social y una ética profesional incorruptible (a prueba de fuego) al igual que Don Pedro- sería una injusticia, pues el mismo Vizconde de Gándara me lo reclamaría -ya que fueron contemporáneos- en alguna noche, por esas sus calles, plazas o lugares, a las que cantó en la belleza profunda de su verso.

Claro que, en contraste con estos dos personajes, proliferaban los tinterillos, chupatintas, etc. para desgracia de los pobres e ignorantes. Y como ciertamente menciona esta situación, en Chihuahua imperó para que viéramos hacia el futuro y como consecuencia vino la creación de nuestra máxima casa de estudios, y con esto las generaciones de profesionistas bien preparados y al servicio de la sociedad chihuahuenses.

Referente a que sería una irreverencia poner el nombre de "El Vizconde de Gándara" a un aula de clases de cualquier escuela, puesto que el personaje no existió más que en la imaginación de Don Pedro Hinojos, y su nombre tampoco procedería porque imponerlo a un salón de clase de Jurisprudencia, pues él no egresó de ninguna facultad; si procediera, es muy seguro que Don Pedro no aceptaría distinción alguna que no fuera un título nobiliario con que siempre soñó y articuló su vida, aunque un tanto excéntrica, si llena de bondad y buena fe.

Pienso humildemente que el "ser" es la esencia de todo, es un "don" y ese "don" hay que llevarlo con dignidad tanto en la gracia como en la desgracia; y si alguien es capaz de llevarlo a cabo, merece el respeto de la clase social más alta, que de la más humilde esfera social. El hombre es lo que piensa, ya que su obra será consecuencia de su pensamiento, en cualquier nivel social, o profesión u oficio. "El Vizconde de Gándara" vivió, fue, existió; Ahí está su historia cultural; ¿Si fue pobre? Sí, lo fue ¿Si no ostentó título nobiliario en papel? cierto ¿Si no provenía de sangre azul? en efecto. Pero al final, de cuentas la real nobleza, la llevó en su corazón.

Don Pedro Hinojos fue un erudito de la jurisprudencia y también muy respetuoso de un código moral-profesional, que así como usted lo dice, mi estimado don Luis, bien pudiera el Vizconde de Gándara haber impartido la cátedra de ética en cualquier universidad del país, pero voy mas allá, como en alguna ocasión me lo comentara el ilustre profesor Martín H. Barrios Álvarez: Don Pedro Hinojos -lo mismo don Bonifacio, deduzco yo- lo habría hecho en cualquier universidad del mundo, pues la ética es universal y quien la tiene y conserva -que no son muchos-, pueden hacerlo aquí y pueden hacerlo allá; no solo en estos tiempos, sino en todos los tiempos. De quien escribe, y a mientes unos fragmentos del Vizconde de Gándara"

"Estos tiempos que debieran ser de calma, de alegrías;
que a pesar de la intemperie de armonías deben ser,
hados torvos y personas más funestas sí que arpías
nos lo llenan de tragedia, de miseria y lobreguez!
"Mas... ¡soñemos placenteros! Su ensayado ritornelo
calle el ave centenaria de la niebla contumaz
que al poeta desdichado le graznará 'nunca jamás'
Tengan todos de armonía grato anhelo: y que a todos
acompañe el Arcángel de la Paz"

Termino esta publicación con palabras textuales de mi estimable Luis Ochoa Minjarez:

"Lo válido es el ejemplo que dejó don Pedro Hinojos, si él sin título fue un abogado al servicio de la justicia, quienes lo tienen están obligados a ser superiores para todos conceptos. Su memoria permanece imborrable en el corazón de muchas familias a las que libró de las 'injusticias' de la justicia"

Hay quien dice por ahí que todavía se dibuja la sombra de don Pedro Hinojos por las calles de San Pablo Meoqui, y se escucha el eco de su voz proclamándose como el Vizconde de Gándara.

En noviembre de 1941 don Pedro Hinojos escribió: "Por el arte", obra literaria en la que don Pedro deja grabado su talento artístico. Esta oda está integrada por cuatro sonetos magistralmente logrados, en donde su rima, métrica, ritmo, o cadencia dejan constancia del gran vuelo lírico de este bardo, lo cual me recuerda las palabras del ilustre profesor Martín Barrios Álvarez: "poetas chihuahuenses, ha habido y muy buenos, pero Pedro Hinojos poeta, tenía ese algo, ese don de ponerle alas a sus versos, transportándolos y haciéndolos viajar".

POR EL ARTE.
I
Suspenda, calle su indecente coro
la moderna Babel de horrores plena;
y las mil y mil, voces de sirena
que himnos entonan en jardines de oro.

El clarín y el tambor callen desdoro
del siglo veinte son. Cese la pena;
su antorcha eleve libertad serena
y enjugue el mundo su copioso lloro.

Dominen, sí, las notas melodiosas
de los vastos salones de liceo
y del taller las graves y armoniosas.

¡Vague en la selva Pan; surja otro Orfeo;
y visite las naves penumbrosas
el espíritu blanco de Amadeo!

II
¿En dónde están los émulos de Apeles
que sus lienzos no exhiben soberanos?

¿Son acaso en la vida triunfos vanos
también los de los mágicos pinceles?

¿Habrán ido a filiarse en las crueles
legiones, y en combates inhumanos
encallecido, trémulas sus manos
por blandir sables y domar corceles?

¡No puede ser! Falange de inmortales
mientras siniestro espíritu derrama
en la terrestre faz todos los males.

¡Ellos, los del secreto de la gama
del color, darán forma a sus ideales
en el ático templo de la fama.

III

Si en el campo sin fin de la estatuaria
del artífice el brazo desfallece,
ante la resistencia que le ofrece
la materia a su intento refrectaria.

Si al artista -de alma visionaria-
de pavor una ráfaga adolece,
y al trabajar el mármol le parece
que auto labra su losa funeraria.

¡Jamás de su razón abata el vuelo
a la vista de brumas pasajeras
insuficientes a cubrir el cielo!;

¡No encadenan las míseras quimeras
al carácter, si tiene por modelo

el "A pesar de todo" por Contreras!

IV.
Combatiendo de frente a la mentira,
de Gerión los zarpazos ha sufrido;
-arañazos que han roto su vestido
y no alcanzan al astro que le inspira-

Y provocando burlas en su gira,
por fin corre cansado -no rendido-
un Apolo demente perseguido
por las nueve tiranas de la lira.

¿Adónde va? ¿Acaso el bardo inquieto
en quien moral afán el cuerpo daña
rodará entregado al Taigeto.

¿La pobreza de su figura extraña?
¡No! Va a fijar la enseñanza del soneto
sobre el recio crestón de la montaña.

En las siguientes paginas se encuentra el poema que le dedicó don Pedro Hinojos a la madre tierra que le vio nacer, A Parral. Dicho poema se divide en las siguientes partes: Geografía, Ellos, Los Otros, Comienza la Historia, Sigue la Historia, Siglo XIX.

GEOGRAFÍA.

Al norte, Minas Nuevas,
Potero de Botellos,
al sur, la cordillera
de cerros de Sombrero,
de Púlpito y Borregas
y la cañada El Negro.
Al este, Maturana
y avante, San Rafael
(ranchito que divisase
cerquita muy del tren).
Oeste, La Almaceda
y adiáteres, Las Huertas....
Esto es sin teodolito
ni brújula, a reserva
de que astros infinitos
sus órbitas revuelvan.

Está entre meridianos
números cinco y seis
del "México" al poniente;
y al sur del paralelo
del hemisferio norte
número veintisiete,
de lo cual ciertamente
los mapas nos dan fe.

Aquellos los sus barrios
de Hidalgo del Parral
que hace trescientos años
por cuenta de algún rey
-alguno é los, Felipes

número cuatro ú tres
por medio de las cédulas
llamaran San José.

Los barrios, sí, los barrios
de la ciudad Parral,
cuáles: San Nicolás,
que es barrio de los Jarros
de barro nada mas,
vidriados con la greta
de minas de La Prieta.
Palmillas, Tajo y otras
que existen por allá
en el terruño donde
barrios también están,
digamos: Peña Pobre,
Del Rayo y de Palomas;
y entre colinas, lomas,
Las Huertas y de España,
hállanse las ruinas
de haciendas de metal,
y donde aún vénse extrañas
visiones peregrinas,
fantasmas en la paz
de las profundas noches,
de Hidalgo del Parral.

Seguimos Guanajuato;
el de San Juan de Dios;
el Del Colegio, El Centro;
cierto de La Alfareña;
otro: el De Guadalupe;
quizá el de San Francisco;
y nombres al folklor:
los de Las Viborillas,
Pancitas, El Venteo,

El Triste, el De Conejos
y en una é sus orillas
el de Peña Rajada
que juega a las pedradas.

ELLOS.
Aún torna las horas de la infancia
a despertarle de los tristes sueños,
a levantarle de la oscura estancia
y a recordar, al pobre, los ensueños
cuando, cansado, el purgatorio baja,
y por seguir durmiendo en sus desvelos,
empeños hace el errabundo osado
por las vicisitudes agotado.

¿A qué venís a la memoria exhausta
quedada ya del huracán el golpe,
presa infelice de la vida infausta
que olvidara hace tiempo todo goce?
¿Venís aún, ahora, horas tan castas
su presente dolor a renovarle?
¡Bienvenido seréis y recibidas
por esta alma al recuerdo conmovida!:

A recordarle su infancia alegre
y hacer que retroceda al sentimiento,
alzándole un monumento del silente
abismo donde se encuentra maciliento.
A decirle, apacibles, que ya deje
de pensar en clamores y lamentos,
y a repetirle cuánto fueron diestros
para enseñarle a hombres sus maestros:

Melchor Gándara: enérgico: el tequila,
ciencia y virtudes no robóle: nunca
perdió su letra ni dejó intranquila

su conciencia así estare en espelucas.
En jamás de los jamases la su altiva
frente humillóse ni dejóles trunca
la instrucción a los tiernos escolares
ni la fe por la patria y sus hogares.

"Ojo" "mano" enseñaba Antonio Aldana
paciente en pizarrón y en las pizarras:
José Prado nociones ya les daba
de florete y espada y cimitarra:
Y Murillo José no se cansaba
de repetirles con su voz tan clara
que tres por tres son nueve, hasta dar tedio
a duras cabecitas sin remedio......

¡Pero qué cabecitas......Los oyentes
pensarán que exagera el literato.
Pues nada que exagera: viene a mientes
del relator cada agradoso rato
que la turba infantil, siempre valiente,
les diera a los terribles candidatos….
(Candidatos a santos, los maestros
que de ustedes no fueron, fueron nuestros)

Continuando el ánimo sombrío
en descripciones de feliz infancia,
habrá de mencionarles a un Zavala
que era del interior: don Federico.
Y hasta habrá que contarles que mandaba
los batallones con real espada
como pudo formarlos y dar órdenes
el coronel don Anastasio Gómez.

Batallones de alegres escolares
que a las voces de aquellos profesores

dignidad, dignidad de militares
adquirieron de la vida en los albores;
y ante la enseña tricolor alzaron
firmes saludos, entretanto el coro
de Nunó y de González Bocanegra
retumbaba en los centros de la tierra.

Continuando en recuerdos de ventura
que hoy llegaron al alma desolada,
cantaremos dolientes aventuras
de Exiquio Pérez y su frase airada;
finas consejas -por lo fino extrañas-
de Clemente Navarro, tan prudente,
y de José Tamayo tan clemente.

De Juan G. Holguín Burboa aquellas reglas
de tres muy simple y de tres compuesto;
de Panchito Domínguez tan perfectas
normas del auxiliar de los maestros;
Y, en fin, que en esta vez no va a ser negra
la prisión ni pesado algún arresto
que ellos quisieran imponer a quien
se le ocurre hoy cantarlos mal o bien....

LOS OTROS.
Silbando y chiflando, los Sáez y los Lerma
bajaban temprano portando en la izquierda
la canasta para comprar "el mandado"
y entraban a un tiempo a misma palestra:
Salcido, y Rivas, Mendoza y Guerreros
e Hinojos.... (cuidado, que ese tal Hinojos
como ellos corriente, pues es mi pariente
bastante inmediato.)

Y luego, al chiflido, los Gómez, los Chávez,

los Núñez, los Máynez, Urquidis y tantos
-todos de botines- iban a reunirse
con los de huaraches.
¡Ni quien impidiérales los chocolatines
dejar en la mesa, menos los papás!
¡Así democracia fue la de Parral
del siglo Diez-Nono al finalizar,
y síguela siendo, y siempre será.

¿Que a los muchachitos fueran a formar
malos corazones papá ni mamá?
¿Que a los pobrecitos no fueran a hablar
los riquitos niños de la misma edad?
¡De "tú" se trataban y aún trátanse hoy
los ahora mineros, sastres, carpinteros
y profesionistas, etcétera así, como
cuando estaban en edad escolar,
y hasta se peleaban con furia infantil....

¡Dichosos los tiempos de la mocedad;
feliz siempre, siempre Hidalgo del parral,
pues tiene franquezas y hospitalidad;
de México libre, liberalidad,
cual en todas tierras donde hay libertad!

Se nos olvidaba que en época esa del 93,
Eduardo Primero -que "ora" es coronel-
sus órdenes daba para las peleas....
¡Y pobres canastas; y rica jalea,
bajo la observancia de José Valdéz!

Indalecio Reyes bailaba y rezaba;
los Páez y la tambora en quietud dejaban;
Gustín Barbachano de etiqueta entraba
muy duro y macizo a vuestra algazara,
y Aispuros y Ponces por poco lloraban

entreteniditos en fabricar jaras.

Basocos, Miñoses, Gurrolas y Reyna,
mas Toño Amparán, Baquitas y Méndez
dábanse al can-can,
para retaguardias, servir nada más.

Y los que al acaso dejaran el pincel
sin pintar sus nombres, porque es muy humano
errar sin querer, dispensen al mártir e inerme pintor,
que está para darles palizas de humor......

COMIENZA LA HISTORIA.
Tranquilo valle de silvestres parras
y de encinas y álamos poblados
a la vez que por nardos perfumados
asombró al castellano las miradas.
y paráronse inquietos los caballos;
y a observar ocultóse acongojado
el fornido y sencillo tarahumara.

Los huracanes rápidos giraron
sobre la flora y fauna del tranquilo
valle, cuando arrojósos se mostraron
otros desarrapados gambusinos
y las águilas regias remontaron
su vuelo, y extinguiéronse los trinos
cuando leones castizos descansaron
bajo la exuberancia de los pinos.

De estos pinos no vistos por los leones
de la Itálica, leones caballeros
de países diez mil conquistadores,
intrépidos, audaces, bullangueros.
Pero vieron al par no sin temores

que la conífera agitó el cabello;
y callaron un tanto las triunfales
voces, bajo el aullar de los tarahumares.

Tarahumares de bronce inconquistos
de alabastros y ópalos siniestros;
coesmeraldas, granates, y con sistros
o violines chirriantes y funestos
clamando a los abismos de los siglos,
lanzando imprecaciones a los cielos
que vieran tanta vez la roca enhiesta
inhollada al igual que sus florestas.

Al oír esa vez el alarido,
el volcán apagó sus fumarolas;
en mientras escuchábase el graznido
de aves nocturnas en la noche a solas.
Que un eco a la sordina dio sonidos
de los cañones y verdantes olas;
cuando el pobre y fornido tarahumar
de océanos supo y del terrible mar.

Anchurosos paisajes desolados;
nieves de una frialdad inexorable;
palacios por la roca sepultados;
y ciudades quedadas en hondealbles....
Luces fugaces, y en los altos, faros
con chilicote y bálsamo atizados
asombrados, miraron los valientes
españoles sensibles e inclementes.

No porque haya en Parral nieves eternas;
—pues quizá las hubiera en otra época—
ni porque haya de Aladino cuevas
dejará de ser digno de las eglogas

para imprimir con entusiasta lengua
que algún señor don Juan Rangel de Biedma
fue el primer castellano que allí puso
su planta en mil seis cientos treinta y uno.

Y en 1638 otro hombre
sin desdeñar la raza tarahumara
quebró los sacrificios y las aras
del sanguinario dios Huitzilopoxtli
para llevar las almas a otras áreas
donde por siempre el nazareno es pobre
pleno de mayestáticas bondades
millonario a través de las edades.

Fue Gabriel de Egurrola aquel alcalde
Mayor que en mil seis cientos treinta y ocho
en Parral gobernó con mano afable
conciliando familias a su modo:
Las familias de inquietos españoles
con la familia del tortuoso indito,
y flamígeras damas de los soles
con aterciopelados arreboles!

SIGUE LA HISTORIA.
El siglo Dieciocho
allá en el Parral
pasó levemente sereno y paz;
porque hubo personas allá
que a ratos reían
y sabían llorar….
En lindas tertulias
jugando el conquián
a la brisca y tute:
sabiendo bailar
y chispas de ingenio
serios declaman.

Tales dichas cosas
sin perjuicio del
gobierno y de cuanto
fuera Patria y fe.
Basta para el caso
un hombre citar:
el del gobernante
que fuera tenaz
Manuel de San Juan
y de Santa Cruz.
de nueva viscalla
el gobernador
primero que hubo
y expandía luz,
puesto que era maestro
y de la instrucción pública
un benefactor.

SIGLO XIX.
Licenciado Fernando Ramírez
señor de Elorriaga -Francisco- y
también los de Madariaga;
Agustín don José de Escudero;
y otro de Escudero; el señor Juan B,
Anastasio de nava, un poeta;
mas luego cierto General
Pedro Meoqui mandando
hacer fuego
moribundo y tendido en el suelo
de un lugar de la patria sublime,
contra la segunda francesa invasión
atestiguando en constante valor
del sufrido y altivo Parral.

Agustín Villagra al igual
que los otros que ya mencioné
también fue del Siglo diecinueve
quien derramara luces junto al sacerdotes
como Pedro Gándara-ranchero grandote-
y digno de cruces de aquel liberal
cura de nombradía quien fue
Echeverría Hilario, en Parral.
Mas pronto al arbitrio de voces airadas
ágilmente lazaron su vuelo veloz
las águilas ruedas de intensa mirada
mirando a hacer bienes de gran corazón,
a Esteban Benítez, también de conciencia
y, no es necesario nombrar a otros, no,
bastan las doce muestras.
Enrique Esperón, natural de Francia, en Parral vivió
y aquí, en Chihuahua, austera elegancia,
puso en el palacio que atrevido alzó.
Los nombres preclaros, ilustres y máximos
yacen olvidados a veces, mas no
falta quien vidante recuerde al acuso
que hicieron sus obras con sana intención.
Así, ya tuvimos de otros países
muy buenos vecinos en nuestra ciudad:
Stallforts y Grienses, Alfaro y Stork
Bordier y Beckmans.
Y también los exactos banqueros
cual "don Pancho" Gómez
tenedores de libros también
como don Miguel Chávez y Domínguez,
y Calles José:

fundidores mineros,
Don Pedro Alvarado, don Ángel García,
Esteban Mendoza, Longinos Hinojos
Santiesteban Florencio, más otros
dignos de loor
Más bromistas panaderos;
quien dice Carlos Valdez
y el señor Abraham Benítez:
del mismo calibre que
Antonio Pérez, Rosendo Galindo,
Agustín Hinojos y Eleno Grageola
cantando "sobre las olas" "las moscas"
"los panaderos" cuantimás la "capotín"
gozando de plenos fueros
trepados en un barquín.
Don Narciso Talamantes
por el rumbo de Las Cuevas
nos tiene las buenas nuevas
de que formó gobernantes.
Supongo que generales
ha habido sin compasión (?)
no quiero a todos llamarles
pues nomás a Ángel Ocón
¡Pero qué jefes políticos,
prudentes y de valía,
honrados, rectos y estrictos!
Haced favor de juzgar
si es cierto por sus retratos
que están en dorados cuadros,
en la amplía secretaría
de Casa Municipal.

Casi inmediatamente después de la muerte fatal del piloto mexicano Francisco Sarabia, sucedida cuando regresaba de New York a la ciudad de México, después de establecer un nuevo record de velocidad en ese trayecto; don Pedro Hinojos lo homenajeó con este poema:

LA TRAGEDIA DE SARABIA
PEDRO HINOJOS.
VIZCONDE DE GÁNDARA.
Amigos con mucha pena,
con sentimiento profundo
voy a escribir la tremenda
tragedia de nuestro mundo.
De nuestro mundo: la Patria
Mexicana, conocida
por lo santa, por lo humana,
por lo valiente y por sufrida.

La historia de heroicos vuelos
como nunca los ha habido,
que sublime, hizo atrevido
El Conquistador del Cielo.
Del Cielo Conquistador
Sarabia sí que lo es;
de toda gloria y honor
y del más alto laure.

Hace apenas dos semanas
que de México violento
dejara las ricas galas
para efectuar un portento.
De en estratósfera fría,
sin fijarse en las auroras,
imponer su alma bravía
sobre el ritmo de las horas!

Puesto que tres mil seiscientos
kilómetros recorrió
con más rapidez que el viento,
majestuoso como un Dios.
Para a Nueva York llegar
en diez horas y minutos,
y a todo el orbe asombrar
el piloto sin segundo.

Que solo Emilio Carranza,
otro gran mexicanito,
demostrara igual pujanza
en otro vuelo inaudito.
En esta vez sobrehumano,
de México a Nueva York
hizo girar el motor
de su avión sobre el océano.

Por sobre montes y llanos,
impertérrito curzando,
en su carrera llevando
cartas de mucha importancia
con la serena arrogancia
de quien sabe tener mando.

Tan pronto que aterrizó
luciendo su juventud
entusiasta multitud
en mil lenguas lo aclamó.
Impetuosa lo cercó
abrazándolo a porfía
y al mismo tiempo sabía
toda la tierra, por radio
que en el neoyorkino estadio
desbordábase alegría.

Himnos, dianas, abrazos,
choques de manos, la mar!,
cuanto mas prueba obsequiar
la admiración en tal caso,
y hasta pensaron de pas
quienes conocen las "misses"
que menudearon los kisses
güeros sobre fondo prieto....
poniendo en tirante aprieto
a dos vecinos países.

Espiches, invitaciones;
paseos en playa, bailatas,
gallos, rondas serenatas
y (y bastantes estrujones),
para pasmo de naciones
nuestro Pancho fue obsequiado
con esplendidez mimado
sin envidia ni rencores
por incontables señores
que su mérito estimaron.

Cortés, modesto se muestra
Sarabia entre los festejos
recordando no está lejos
la nación muy de él y nuestra.
Sabe que su mano diestra
dominar puede el espacio;
y sin parecer reacio
a los tributos sinceros,
venir debe, placentero,
de Washington al Palacio.

Roosevelt en la Casa Blanca
rodeado de personajes
recibió aquellos mensajes

que de una manera franca
le enviaba el General Cárdenas
Y tras correcta audiencia
donde la acción fue elocuencia
no las frases de ritual
saludo internacional
quedó sellado a conciencia.

Ya trata de su regreso
ufano a los patrios lares,
olvidando que pesares,
siempre ha cobrado el Progreso.
Recuerda que madre anciana
en región de la Laguna,
tal vez orando se afana
para tener la fortuna
de celebrar la proeza
con derecho único y santo.

¡No sabe que el digno encanto
se convertiría en tristeza!
Sin pensar en infortunio
del Norte se despedía
al despuntar aquél día
funesto siete de junio.
Multitud vuelve a aclamarle;
con entusiasmos prohijos,
y también para alentarle
están su esposa y sus hijos.

Más ¡Ay! que apenas se eleva,
cuando aun vibran los aplausos
sobreviene instante infausto
de insospechada tragedia.
Que ante anhelosas miradas
del atónito gentío

el aeroplano se clava
y rápido cae al río.

Nuestro ministro se lanza
al agua listo, violento
con el esforzado intento
de ver si acaso lograba
salvar la vida de aquel
que unos días antes osado
a México habíale dado
un nuevo heroico laurel.

Intento vano; la suerte
extendió su vuelo impío
pues del Potomac, el río
sacaron su cuerpo inerte.
Cuerpo de héroe mexicano,
igual que fuera Carranza
los dos plenos de pujanza
al hundirse en el Arcano!

¡Estéril no fue su anhelo
sí a la rutina reacios
vencieron tiempo y espacio
para conquistar el cielo!

Junio 1939

Este hermoso poema, don Pedro Hinojos, se lo dedica a su madre:

ELEUTERIA

Ojos zarcos cual las radas,
profundos, inmensos, bellos;
verdes ojos con destellos
en su orgullosa mirada.

Pardos entre la azulada
luz de los eternos cielos;
cuanto abarca distanciada
estrella en rápido vuelo.

Señora: si al nacer pude
mamar tu teta entre tus brazos
a la vista de Longinos:

Gándara--Eleuteria-- acuda
a regalarme un aplauso
bajos tus ojos divinos.

A continuación 4 poemas, el último un soneto, sentidos, profundos, dolorosos y sufridos tres de ellos, del Vizconde de Gándara, don Pedro Hinojos, y en donde sin lugar a dudas queda establecido para siempre su genialidad, su inspiración y su cultura.

PUNTOS SUSPENSIVOS.
Bastante he dicho sin decir bastante;
cantar no podrás voces divinas;
la flauta de Pan silbe tierna el aire
de valles y montes, cerros y colinas.
Mas las tuberosas el aroma fragante
lancen a las hojas de recias encinas
repetidas veces para que constantes
haya regias sombras y albas matutinas!

Para que dormido se quede en silencio
dormido si acaso, lo mas bien dormido;
y para que vuelva a oírle el alarido
de los tarahumaras sufridos y recios.
Para, de igual modo los hechos violentos
de manos castizas lleguen a los cielos
en alas sublimes de lo bien nacido
que a todo viviente consuela en los duelos.

Item más: la fibra del Parral heroico
nunca se reviente, cual nunca la idea,
ni deje de ser ese pueblo estoico
calmoso en las paces, rudo en la pelea.
Ya que es de la patria también un pimpollo
que a veces demuestra su alma gigante
y cisne crecido de tersura negra,
con blancuras blancas de impoluta seda.

MEDALLA.
Es la hora transitora en que al extinguirse el día
suave en los cielos el postrimero fulgor,
hora lánguida y propicia para la melancolía
de las hondas añoranzas y los sueños del amor.

Sobre los rumores leves de la tarde, melodiosa
se levanta la voz grácil de un incógnito violín,
mientras escuchar parece la alameda penumbrosa
que dibuja sus contornos en el pálido confín.

Y de un piano que acompaña, las sentidas notas graves
a las notas cristalinas van siguiendo con afán
cual bandada prestigiosa de canoras pardas aves
que a las de preclaras lingas a mezclar sus voces van.

Ya se callan. Blanda y flébil va a quedarse diluida
en el adormido ambiente la exquisita vibración;
y por fugaces instantes queda el alma sumergida
en las ondas misteriosas de mirífica ilusión.

¡Oh! ¡Qué noche me he pasado pobre y solo tan pesada!
¡Hace frío tan intenso este lento amanecer!
Otras gentes la pasaron cual pudieron festejadas;
indolente, acongojada: de alboroto: de placer...

Cual de alegre, cual de triste, cual de plácida añoranza:
quien, sumido en pesimismo, agobiante, pertinaz
que no abre ni un resquicio a destello de esperanza;
quien, egoísta en optimismos de feroz voracidad...

Estos días que debieran ser de calma, de alegrías;
que a pesar de la intemperie de armonías deben ser,
hados torvos y personas más funestas que arpías
no los llenan de tragedia, de miseria y lobreguez!

Mas.... ¡Soñemos placenteros! su ensañado ritornelo
calle del ave centenaria de la niebla contumaz
que al poeta desdichado le grazanara " Nunca Más".
Tengan todas las conciencias de armonía grato anhelo;
y que a todos acompañe el Arcángel de la Paz!

UN CANTO A LA INMORTALIDAD.
En un campo de la Historia al concluir la edad media,
escribió un presidente la más rara comedia
donde hay, - quien creyera- infernal silencio.
Dicho alcalde contó que la errática Tierra
tiene cumbres, placeras, y al final nos encierra.
Y contó que un don Equis, por la inedia inspirado,
unas alas había con argucia inventado;
y que fue aquel don Equis a un castillo en donde
imperaba absoluto un tonsurado conde,
-conde que era matón, como son los actuales,
dueños de las haciendas, pero no de ideales-

Que llevó el Castellano a través de las salas
y de las escaleras hasta el alto edificio
a aquel pobre inventor del alado artificio
y, ya arriba, le dijo: "ahora ponte tus alas";
y que puestas las alas, le dio un buen empujón
y hasta el foso lo echó con extraña invención...
Ese Alcalde famoso de la egreria Florencia
era bardo, y aun fraile, y era un pozo de ciencia, (1)
y después de la gloria le dieron: la de ser desterrado.

Pero en tantas que dijo soberanas verdades
alabando lo justo, fustigando maldades,
un error si que tuvo contra aquel inventor:
ponerlo en el Infierno dizque por impostor.
¡Oh Albertus amigo! eso fue en otros tiempos;
usted nunca vacile ante crueles ejemplos,

frente a fracasos obras de la infame estulicia,
frente a los de descuido, infortunio, impericia:
suba, ascienda, elévese a las altas regiones,
lleve en triunfo su nave mas allá de los soles,
a regiones ignotas, del genio las alas,
lucen puras, radiantes, las magníficas galas.

           (1) Dante Alligiere

INSOMNIO.
Ya ni suena el reloj. Cansancio agudo
hasta el éter sin piedad subsiste;
al sórdido Ariman taimado embiste,
alado, torvo, soberano y mudo.

Bajo el cielo encapotado, crudo,
un extraño color todo reviste
mezclado sepia con ceniza triste
y tenebrido pardo, testarudo.

Hay inercia y presión cual de embolismo;
hay palpable silencio exasperante
pegado de la tierra a las alfombras.

Y, silenciosos en eterno abismo
con regularidad desesperante
van rodando los mundos entre sombras.

CAPITULO V
MUERTE DEL VIZCONDE DE GÁNDARA.

La mejor manera de confirmar quien fue don Pedro Hinojos, el Vizconde de Gándara, es mediante lo que se escribió de él en el Heraldo de Chihuahua, un día después de su muerte. Y que tengo frente a mí una página completa, partida en dos, de dicha publicación; hoy y que, a través de las décadas, su amarillento color y olor a papel viejo, me certifican la grandeza si, de mi abuelo, don Pedro Hinojos, Vizconde de Gándara. Por ello, me permito transcribir dichas publicaciones:

EL GRAN POETA DON PEDRO HINOJOS,

VIZCONDE DE GÁNDARA, HA MUERTO.

Un gran poeta, modesto y obscuro; pero inspirado y popular, murió ayer por la mañana en una de las salas del hospital central. Se trata de Don Pedro Hinojos, conocido en los círculos periodísticos y culturales con el pseudónimo de "Vizconde de Gándara".

De este Vizconde, privilegiado de las musas; pero desposeído por un destino que él se forjó duro, indiferente a los bienes materiales y lleno de las penurias del poeta sin hogar, sin el calor de una familia, aún cuando la tuvo; de este poeta, decimos, puede decirse sin caer en la exageración, que fue el último bohemio chihuahuense; el postrer romántico, al estilo de aquellos melenudos del Latín Quartier de París que brindaban con la última moneda, comían con la invitación del amigo, dormían en donde se les obscurecía, sin parar mientes en el mañana. Para Don Pedro Hinojos solo contaba la poesía y su sola ilusión era sacar octavas reales a su numen prodigioso.

Don Pedro Hinojos litigó en su juventud. Por ello sus conocidos le daban cariñosamente el nombre de licenciado. Durante sus últimos años dividió el poeta las ocupaciones en dos partes. Permanecía temporadas en la cercana Villa de Meoquí, dedicado probablemente a asuntos de juzgado que él conocía; otras veces duraba en esta capital algunas semanas, entregado a una bohemia absoluta. En cada estancia daba a la publicidad dos o tres composiciones en verso, todas profundas, todas sentimentales, todas magníficas.

Sabemos que era originario de Parral, en donde radican algunos familiares del bardo muerto. Podía tener al sorprenderlo la parca, alrededor de 86 años. Colaboraba con varios periódicos, entre ellos con El Heraldo, entre cuyos empleados era muy estimado.

Muchas veces durmió el poeta casi en estrecho abrazo con la Goss y la prensa arrulló en incontables ocasiones el sueño agitado del bohemio; incontables madrugadas encontrólo la alborada en charla con los papelerillos, con los que jugaba y en ocasiones reñía.

Fue un tipo popular y conocíale Chihuahua entero, ¡Cuántas veces se le vio recitando sus composiciones en plena calle a los transeúntes, a las chiquilladas y en las madrugadas, a la calle escueta recitó sus poemas...!

Ayer mismo bajó el licenciado Don Pedro Hinojos al seno mismo de la madre tierra. Queden sus versos magníficos como un recuerdo permanente de su inspiración. Descanse en paz el Poeta.

OFRENDA AL VIZCONDE DE GÁNDARA

Escribe: Martín H. barrios Álvarez.

Ha desaparecido, del escenario de la ciudad, una figura que tuvo siempre una simpatía cordial: Esa figura fue la de Don Pedro Hinojos, o Pedro Hinojos, a secas, pero eso sí que gustaba denominarse a sí mismo con un raro título nobiliario: Vizconde de Gándara.

Lo supe siempre, en los días de mi niñez siempre difícil, viviendo por mi propio barrio: el viejo barrio de Santa Rosa, cuando no había llegado a tener la casi aristocrática prestancia que ahora tiene. Su figura, delgada, ágil, rubicundo en la cara, me causaba, por su don de simpatía, una profunda impresión.

Eran---también, los días en los que amanecíamos con un gobierno y anochecíamos con otro: los días rudos en que no había en la ciudad---como ahora, según usted sabe--- ni el completo traguito de leche, ni la semita blanca, como rostro de muchacha que se diera sus polvitos. Y en eso de andar por el zig zag de las calles, era cuando me atravesaba, al dar vuelta una esquina, la figura joven, entonces de don Pedro.

Frontero a la casa vivía su suegra, aquella noble señora doña Carmen Valenzuela de Domínguez, personita alegre, dicharachera, siempre zalamera, quien solía pasar, muy oronda, rumbo a la misa de la Sagrada Familia, y, a veces hablar en forma amable, de su esposo don Juan Domínguez, recién fallecido y de su hijo Alejandro. Por ahí también los hijos del matrimonio Domínguez: Trinidad, Margarita y Manuel.

Pero don Pedro, era persona mayor. Sabía yo, entonces que "era abogado", por más que, después supe que no lo era, pero por aquello de alegar, siempre, en defensa de clientes, así se le dijo, y así se le conoció.

"Con el tiempo y un ganchito" procuré intimar los datos de la vida de don Pedro; y esa intimidad, de esos datos, me entregó unos cuantos: nacido en Parral, escribiente de sus juzgados, luego secretario de los mismos, fue llamado para juez y para algo más en Chihuahua.

Y en los viejos infolios de los expedientes, fue dejando, con aquella su magistral caligrafía, de hermosa letra, siempre clara, de rasgos finos, lo que los maestros del Derecho habían opinado sobre varias, distintas materias de orden jurídico.

Y así fue como también, don Pedro Hinojos hizose una figura siempre amable, siempre cortés, en los tribunales de Chihuahua, los de la ciudad y los de otros lugares, próximos o lejanos, pues había nacido para eso: para vivir dentro del círculo o territorio en que fueron maestros Papiniano, Hermogeniano, Jusianino y Paulo.

Pasaron los días, ya era yo mayorcito. Ya comenzaba a publicar, en el viejo Heraldo de Chihuahua, mis prositas desmañadas y feas, mis versos cojos. Y un buen día, por la hendija de la puerta que decimos en Chihuahua, recibí un recadito. Abrílo razgando el sobre y a mis pasmados ---ojos de mozalbete nunca tuve ni una voz de aliento, que le dijera "habla con altas voces" ante los auditorios, vi que el recadito decía: --Adelante Martín, adelante. Hoy he visto sus producciones. Tiene usted éste y el otro y el mas allá defectos. Pero siga adelante. Siga.

Escriba sus versos, Escriba. Y no les haga caso a quienes le digan que no sirven, porque éstos, éstos, no tienen sino impotencia creadora y usted no debe de oír su criticas, sino en lo que puedan tener de verdad. Y no se amilane.

Mucho tiempo el papelito aquél lo tuve entre mis papeles amados. Yo creo que un poquitín de vanidad me hizo conservarlos. Lo guardé mucho tiempo hasta que se me deshizo entre las páginas de una libretita de a cinco centavos, que compré por ahí, en la vieja tienda de "El Azteca", cuyo dueño fue hasta su muerte, don Lázaro Sáenz.

Con la vida de la Revolución don Pedro erró de Chihuahua a Parral, de Ciudad Juárez a Casas Grandes; de Casas Grandes a San Pedro Madera, como llamaba al pueblo. Alguna vez le vi, envuelto en una cobija, por los rumbos de Namiquipa, de Buenaventura y de Meoqui, donde litigaba últimamente.

Le perdí de vista, dos, tres, cuatro, cinco años, acaso más. Pero un día, en las páginas de EL HERALDO, vi sus versos. Leídos con atención. Y me detuve, de improviso, sorprendido. Comentaba en alguna de mis clases los sonetos de Lope de Vega, el fénix de los ingenios y monstruo de la naturaleza. Y asocié, por aquella casualidad, el nombre de Lope de Vega con el de don Pedro Hinojos, poeta, porque, en el vuelo lírico de aquella producción, había algo que no disonaba en mucha medida de la producción del Ingenio Español.

Así se los dije a mis alumnos, entre quienes ya se encontraba uno de los hijos de don Pedro, a quien siempre dijimos Chicho, precisamente porque nunca se quiso llamar con el feo nombre de Longinos que, entiendo, era el que le correspondía.

Y luego tuvo una extraña vida; la vida de quien quiere fugarse de la realidad, como los viejos bohemios franceses del fin de siglo. O como Verlaine, el poeta de Sagesse, o, acaso como

Baudelaire, el poeta de "la Giganta". En esa trayectoria don Pedro Hinojos, vino a formar parte del grupo de bohemios de Chihuahua. Un bohemio que entregó lo mejor de su espíritu en la charla de las mesas de los bares donde, como aquel atormentado de Richepin, bebió en el licor la lágrima de amor y sintió, acaso, que nuestra Señora la Melancolía y nuestra Señora la Tristeza, pudo haber sido la musa que cerrara sus ojos.

"El Heraldo"---otras hojas de la Provincia--- acogieron con justicia, sus producciones literarias, que tenían su público de lectores. En esa producción--- bien medidos los versos, rica ella--- dejó mucho de su alma de soñador que, con la amanecida, se llegaba a nuestra redacción, ya en vencimiento, aunque siempre con júbilo, para recoger su periódico, y, a las veces, la paga por sus artículos.

Ayer falleció y ayer mismo fue sepultado, seguido el cortejo por varios de sus amigos, por su esposa y por sus hijos radicados aquí en Chihuahua. El entierro, modesto, condujo a este varón de la Bohemia, cantor de las ilusiones de Chihuahua, a la morada que a mí también me espera.

Su entierro no fue--- por pobre económicamente--- lo suntuoso que él hubiera deseado. Pero yo finjo para él que pudo haber tenido palafreneros que condujeran los caballos de la carroza de sus restos mortales; que, en honor del señor Vizconde, pudo haber la oración fúnebre y un responso que por ahora, yo si entrego a la tumba de su recuerdo, el decir:

Poeta amigo: Poeta hermano, hermano de Bohemia y de ilusión. Mano en la mano te digo: Gracias mil gracias por tu bella canción.

Porque enamorado de la belleza en la vida del verso. Pedro Hinojos, poeta, cuya vida se extinguió, siempre me dio un aliento necesario para cantar, en medio de mis tristezas, una canción…. Y cantar, en esta hora ruda de la vida, es como hacer, una ofrenda al espíritu y poner una rosa de amor en el corazón de una vida profunda.

CAPITULO VI
Producción de poemas y canciones del nieto del Vizconde de Gándara.

Quise en este capítulo, final, dar a conocer mi producción poética, ella incluye canciones, puesto que los poemas son canciones en sí mismos. Así que solo les puedo expresar lo siguiente a manera de introducción de mi humilde creatividad:

¿Quién sabe de los días de alegría, de tristezas, de dolor, de desengaños? ¿Quién sabe de las noches, del insomnio, de las horas de desvelo, que al artista le generan por haber él recibido el presente de la pluma, del papel, con la y en el que plasma los más puros sentimientos, las más vivas emociones que le brotan, de su vasta inspiración? ¿Quién sabe del trabajo arduo y dedicado por armar los más profundos y sublimes versos que conforman las estrofas de lo que será según él, su máxima creación? ¿Quién sabe de la gran satisfacción con la que se vibra porque aquel compositor culmina, su más codiciada pieza con muy alta evaluación? No, no es muy común que cualquiera lo sepa, a menos que pregunte, que se indague y se interese por una de las más hermosas tareas: La de ser poeta, la de ser compositor.

¿Quién no recuerda algún verso, alguna estrofa o toda una canción que marcó su vida, que se identificó con ella, vamos, que se enamoró? ¿Quién no recuerda el valor de la canción, de la letra y de la melodía que en alguna etapa de su vida lo llenaron de emoción? ¿Quién no lloró una vez más, cuando al compás de las notas melancólicas, de la triste melodía que escuchaba en su momento, quebrantó su corazón? ¿Quién no ahogó su llanto silencioso en su conciencia, mientras todos se bebían su tristeza en la canción?

Si, el poeta y el compositor ha sido, es, y formará parte vital en la vida de los seres humanos, desde tiempos inmemoriales hasta el futuro incierto. Esa es la gran responsabilidad del creador del movimiento acompasado de la prosa, de los versos, de los tonos y las notas que se conjugan y se mezclan con el sólo objetivo de la sublimación. Por todo eso y por mucho mas, no interesa si se triunfa, si se vence o se fracasa, no interesa si se adula, se critica o se condena; no interesa. El compositor real y nacido, no se aflige ni claudica, ni se siente ni se juzga; ¡Sólo sigue firme con su pluma y su papel, con su guitarra o instrumento, y tratar a través del pedimento, arrancarle ya a las musas, ya a su Dios: Las más preciadas letras y perfecta inspiración!

Inalcanzable.
Eres estrella brillante que alumbras mi noche,
eres el sol más distante que irradia mi día,
como ave ligera pasas y te alejas de mi pasajera,
me eludes, me evades, me burlas, aunque yo no quiera.

Son tantas las cosas querida, que hoy nos separan,
barreras, distancias, la gente, en fin, que decir,
como ave ligera pasas y te alejas de mi pasajera.
me eludes, me evades, me burlas, aunque yo no quiera.

Inalcanzable, eso eres para mí, inalcanzable,
no existe camino posible que a ti pueda guiarme,
inalcanzable para mí, inalcanzable,
no existe ningún rumbo que pueda tomar
y al fin alcanzarte.

Eres febril primavera de solo tres meses,
eres verano fugaz también de tres meses,
y estas en mi mente, como está el lucero en cada mañana,
y luego te escondes, te ocultas y huyes, aunque yo no quiera.

Como Manda Dios.
Esta es mi noche de amor porque me quieres,
esta es tu noche de amor porque te quiero,
en esta noche de amor tú te vas a entregar,
en esta noche de amor yo me voy a entregar.

Hoy vas a oír con mi voz, cuanto te amo,
hoy voy a oír con tu voz, cuanto me amas,
ninguno de los dos va a poder resistir,
la fusión del amor, próxima a venir.

Quiero que olvides al mundo, no escuches palabras
ajenas a mí. Quiero que sientas mis besos,
por todo tu cuerpo, sediento de amor.

Quiero esta noche de nuevo volver a sentir,
quiero esta noche de nuevo vuelvas a sentir,
esta pasión de locura, locura de amor,
y entonces los dos amarnos, amarnos
por siempre, como manda Dios

Loco de Amor.
Por amar como te amo,
por querer como te quiero,
he perdido la razón, soy esclavo de tu amor,
me has robado el pensamiento,
mi voluntad has quebrantado,
todo el mundo me ha juzgado:
por delito del amor.

Mira lo que has hecho de mi vida,
un pobre vagabundo, sin decisión,
cómo puedo librarme de tus encantos,
de tus labios, tus caricias,
y de tu cuerpo el calor.

Digan que puedo hacer para olvidarla,
para romper por siempre estas cadenas.
no me importa que todos, todos me juzguen,
y que todos recuerden, cuando yo muera,
que morí loco, loco de amor.

Digan si alguna vez los han despreciado,
si no han sufrido nunca por un amor,
espero entonces todos, todos comprendan,
y que todos digan, cuando yo muera.
que morí loco, loco de amor.

Madre Mía.
Desde el cielo, ha llegado
una mujer sorprendente: mi madre.
Y demostrar el amor, el amor que Dios pretende,
a sus hijos, con amor.

Madre mía, hermosa dama,
de corazón prudente.
Fuiste buena, fuiste noble, fuiste fuerte,
aplicando valores, principios, a pesar de tu pobreza,
material desechable, cambiable, que tiene la riqueza.

Hoy entiendo perfecto, el porqué,
esas tus enseñanzas.
Sólo pido a mi Dios y a la vida que a mí se me permita,
de la misma manera que a ti, se te fue permitido,
el poder trasmitir yo a mis hijos,
eso que, con amor, siempre tu me enseñaste.

Madre mía, hermosa dama,
de cara muy sonriente.
fuiste hidalga, fuiste ilustre, fuiste santa,
demostrando bondad, cortesía a los más necesitados,
sacrificio, humildad y respeto, a cada ser humano.

Hoy quisiera a la vez que a tu hijo
también se le cantara,
como canto hubo en ti aquella tarde, allá en la funeraria.
canto triste, canto alegre, con fe y con la esperanza,
solo entonces habré concluido y con felicidad,
¡esa! mi propia jornada.

Despertar.
Cada vez que me despierto
le doy las gracias a Dios,
porque tengo la fortuna
la gran dicha de adorarte
y otra vez puedo besarte
los labios con mucho amor.

Puede ser por la mañana
a veces de madrugada,
no hay reloj que me contenga
ni nada que sea confiable
parece ser insaciable
esta llama del amor.

Por eso me siento vivo,
por eso quiero vivir,
por el amor que te tengo,
y te lo quiero decir,

Por eso yo me despierto,
eres mi despertador,
está muy sincronizado,
el tiempo de nuestro amor.

Porque te Vas.
Porqué te vas, porqué me dejas,
en estos momentos que mas necesito
de tu compañía. En estos instantes
en que tengo miedo, me dejas muy solo,
sin nada de ti.

No sirve de nada, de nada me sirve,
que implore o que grite desde el corazón.
Ya lo has decidido, no tiene sentido,
que llore o suplique, lleno de dolor.

No quiero escucharlo, sé que te he perdido,
me queda muy claro, nunca fui tu amor,
fue tiempo perdido, en verdad lo siento,
no fue suficiente lo que te he ofrecí.
Así lo has querido, que te vaya bien,
yo aquí me despido, dispuesto a morir.

La Llave de tu Chapa.
Aunque pienses de repente que es culpable,
te recuerdo lo que tú le hiciste a ella:
Le rompiste su ilusión más placentera,
le arruinaste su destino, pobre tonto.

Si en momentos de tu vida tú pensabas,
que te amaba y te quería, pues te equivocas.
Lo que siempre, siempre ella, me decía:
que extrañaba aquello que conmigo tenía.

Me das pena desde entonces, ingenuo amigo,
te has quedado allá en el fango, en el olvido,
Por pasarte de la raya te enteraste
que la llave de su chapa, fue la mía.

Qué tristeza estás viviendo, me imagino,
pero es tarde pa' escuchar lamentaciones,
Te has ganado y te mereces su desprecio
por fallarle como hombre, donde debías.

El Boxeador de la Vida.
Por el camino de la vida
los problemas encontramos,
desde que uso de razón tenemos,
y al borde de nuestra partida.
Es la ley, esa es la regla
con la que hemos sido medidos,
las acciones que tomemos,
son lecciones aprendidas.

Toda la gente pregunta
la razón a que venimos,
yo respondo yo les digo,
a vivir con armonía.
Caminando voy yo mi camino
con coraje y valentía,
con virtud y con prudencia,
las etapas de mi vida.

He rodado y he caído
las veces que me he levantado,
del dolor mucho aprendido,
por lo tanto, yo he crecido.

Quiero dejar testamento
hoy aun que tengo vida,
para todas las familias
que habitan en este mundo.
Les dejo yo mi palabra
les dejo yo mi legado,
por ahí se me ha llamado:
el boxeador de la vida.

En la economía de Dios.
Migajas de pan yo te implorado,
para poder saciar mi inspiración,

retazos de tela te he pedido,
para ajustarme bien mi pantalón.
De aquello que a ti te sobra
generosa me puedas dar,
de aquello que no has usado
lo recibo con humildad.

En la economía de Dios,
nada, nada es despreciado,
lo disfruta el que tiene Don,
lo aprovecha el ilustrado.
En la economía de Dios,
todos los niños son saciados,
todos visten al buen catrín
y al hombre necesitado.

Con migajas de ese pan
se preparan los manjares,
la tela que te pedí,
confecciona hasta los reyes.
Con migajas de ese pan
se alimenta al que no tiene,
la tela que te pedí,
nos cobija de la nieve.

Con migajas de ese pan
que tú me ha habilitado,
a vivir a mí, me ha ayudado
por haberme alimentado.
Los retazos de esa tela
que tú me has proporcionado,
me ayudan a mantener
mi pantalón, bien ajustado.

Mi Peque Estudiante.
Un día de cualquier año, recibí yo una lección,
de un niño de cinco años que ese día me preguntó,
era el último en la fila, de preguntas y respuestas,
y con su voz de edad muy tierna, mi niñez me recordó.
¿Algún día escribirá usted un libro, para nosotros los niños?
¡esa fue la pregunta que ese peque me formuló!
En ese preciso momento, lagrimas rodaron de mis ojos,
¡nunca pensé que aquel niño, me tirara del caballo!

Y como no he cumplido promesa, por razones muy diversas,
hoy te dedico canción, mi niño de aquella fecha:
Fuiste el primero en entrar, como si fuera hoy lo recuerdo,
no tenía yo ningún plan, de que estuvieras presente,
porque era de suponerse, que sólo yo inspiraría,
 a los niños de esa escuela, pero de cuarto en delante:

Sin embargo, te recuerdo, porque en aquella ocasión,
en la Guerra de los Niños, canción que juntos cantamos,
Roberto Carlos decía: que a su puerta un día tocaron,
y que al abrir él su puerta, un niño pudo mirar:

¡Gracias mi peque estudiante, por esa motivación!
 a lo menos mi canción, hoy pueda a ti yo ofrecerte,
te deseo lo mejor, ¡que éxito tengas en vida!
y que escribas tú algún día, un libro para los viejos.

Imposible.
Quisiera esta noche volver a sentir
tu boca sedienta de besos por mí,
como aquella noche por primera vez
me besabas todo con tal frenesí.

Quisiera esta noche volviera otra vez
tu cuerpo que añora deseos por mí,
como aquella noche, noche de pasión
y entonces de nuevo volver a sentir.

Pero es imposible te encuentras distante
la vida se empeña en hacerme sufrir.
qué malo destino, qué suerte la mía,
el amarte intenso y no podernos unir.

Pero es imposible te encuentras distante
la vida se obstina en hacerme infeliz,
vaya sufrimiento y desgracia la mía
el amarte siempre y no poderte tener.

Quisiera esta noche poderte olvidar
quisiera de veras tu recuerdo matar,
pero pasa el tiempo y más pienso en ti
¡Qué trágica es mi vida al vivir y sufrir!

Cumbia Chihuahuense.
Qué rico qué ritmo tu vaivén al caminar
cadencioso el cuerpo te puedo yo mirar.
Caderas sensuales compás angelical
atraes a la gente no se puede evitar.

Llevas en la sangre tal sabor tropical
es casi imposible podértelo ignorar.
Tus curvas delinean figura majestual
silueta de diosa, de veras muy sensual.

Contigo en la noche quisiera yo bailar
la cumbia chihuahuense de esta mi ciudad.
¡Que viva Chihuahua mi tierra maternal!
vaya chula trigueña que me vine yo a encontrar.

Te invito mi trigueña no me digas que no
en la plaza de armas a bailar este cumbión.
Que todo mi Chihuahua baile sin descansar
la cumbia chihuahuense que brotó del corazón.

Que suene la trompeta que se oiga el saxofón,
que vibren esas cuerdas de ese mi guitarrón.
Que ese bajo sexto marque con emoción,
el ritmo de esta cumbia con mucha precisión.

Que todos en Chihuahua bailen sin descansar,
que el cielo ya se aclare para poder cantar,
la cumbia chihuahuense en esta mi ciudad,
ya que tenemos ritmo de raíz muy ancestral.

Negocio de Entre Dos.
¿Quién te ha dado la razón? ¿Quién te dijo que ganaste?
cuando tú me abandonaste, sin ninguna compasión.
¿Quién te ha dicho la verdad? ya han pasado muchos años
y tú no me has olvidado, aunque quieras corazón.

Puede ser que alguien te dijo; que eso fuera necesario:
el que tú me abandonaras, y muy sólo me dejaras,
para tu felicidad.

Pero yo lo dudo mucho, porque sé que tú me amabas,
porque sé que te gustaba, cuando tú te me entregabas,
sin ninguna condición.

En las cosas del amor no son buenos los terceros,
porque nada ellos sintieron, porque nunca nada vieron,
porque nunca ellos supieron, lo que realmente pasó

Cuando existe mucho amor, los terceros siempre opinan,
porque nunca los amaron, porque nunca los quisieron,
y ellos nunca resolvieron, un negocio de entre dos.

Hoy te digo la razón, y la razón nunca tuviste
porque siempre me tuviste, para bien o para mal.
Hoy te digo la verdad, y la verdad que perdiste,
cuando tu no obedeciste, los mandatos del amor.

Hermano.
Es imposible mi hermano, prosa que pueda encontrar,
para poderte narrar, algo que quiero decirte.
Y aunque existan las palabras y las pudiese encontrar,
suficientes no serían, para tu historia plasmar.
Espero tú me disculpes, si eso llegara a pasar,
sólo es mi humilde homenaje a tu templanza cabal.

Respeto tú me mereces por la batalla campal,
que libraste ante la muerte, a quien pudiste vencer,
meses eternos en coma, la ciencia te desahució,
pero tú te revelaste ante mortera opinión.

Y un día, bendito ese día, gracias a mucha oración,
proveniente de tu madre, que nunca te abandonó,
tus ojos, Martín abriste, volviendo a la realidad,
dejando atrás esa cama, y de nuevo volviste a andar.

Deportista de primera, hermano de corazón,
cantante con sentimiento, maestro de profesión.
Tu mejor cátedra has dado, al no dejarte vencer,
en la arena de la vida, a éste tu alumno estudiante.
Te deseo de corazón: vida, salud y progreso,
sé que has encontrado amor, en respuesta de tu esfuerzo.

Amigo.
Hola mi amigo como estás, como te encuentras,
espero de corazón que estés muy bien,
quisiera en esta canción a ti decirte,
palabras de verdad, nacidas de la amistad.
Cuatro décadas han caído del calendario,
de aquel momento en nuestra etapa estudiantil,
cuando jóvenes tenaces, siempre audaces.
nuestros sueños forjamos, dispuestos a vencer.

Desde entonces tu amistad me has demostrado,
en las buenas y en las malas tu presencia ha estado ahí,
importantes para mí son tus consejos,
confidente amigo de noble corazón.

Amigos reales, verdaderos son escasos,
con los dedos de mi mano yo los podría contar,
José Luis Pando Carrasco formas parte,
de mi diestra, escasa lista de amistad.
Nuestros caminos tomaron rumbo opuesto,
debido claro a nuestra propia vocación,
pero al final, quiso la vida a los dos premiarnos,
con profesión de ingenio, en la vida laboral.

USANA.
I would like to say something from my heart,
something from my soul.
I met you before, long long time ago,
since two thousand four.

You have changed my life, my family's live,
always for the best.
In two thousand eight, I promised to you,
that I would like to share.

Your message of health, business and much more,
now this is the time, time to pay my word
singing a humble song.

I will never know, when I am going to die
but I only know, if you stand strong,
I'll have better life.

Usana, Usana, Usana,
Now I can smile, and having a good time,
wherever I go.
Probably I can't ever pay you back,
for what you did for me.

I cannot express, is beyond my words,
how grateful I feel,
For the man of science, who won the Einstein price,
down in Jerusalem.

However, I tell you, I hope you keep growing,
helping all the people, in every single country,
all around the world.

God bless you Usana, for the service you give,
I hope you get your dream, reaching every human,
wherever they are.

A mi Esposa.
Después de mis fracasos
constantes y a granel,
por fin llegó a mi vida
lo que tanto yo anhelé.

Una noche, entristecido
deambulando en el ayer,
de pronto la vi a ella
y otra vez me enamoré.

Sus bellos ojos negros
fue lo que me cautivó,
tornándose aquella noche
la tristeza en el amor.

María, yo he pronunciado
desde entonces mi querer,
ese nombre ya es sagrado
y en la Biblia lo encontré.

María, el vacío ha llenado
de mi otra hora padecer,
Con caricias ha colmado
a mí y a todo mi ser.
Desde entonces vivo amando
a María con devoción,
Porque en ella yo he encontrado
la razón del corazón.

Ella y yo hemos formado
un hogar para los dos,
pero Dios ha concedido

dos retoños en su honor.
Alejandra y Luis son el regalo
de ese amor que nos unió,
prometemos a la vida
educarlos con amor.

Esos hijos han crecido
en nuestro ambiente familiar,
todos juntos hemos vivido
 en armonía angelical.

Gracias Dios, amigo mío
por grandísimo favor,
¡cuídanos mucho por siempre
para conservar tan linda unión!

Transición.
¡Ya! Deténgase mi pereza intelectual
que me ha acompañado, sin ninguna necesidad,
y que hoy sea el día, en que pueda yo entrelazar
ese, ¿Mi intelecto? con la espiritualidad.

Hoy, conmigo mismo me siento en paz
no existe argumento alguno, para poder discutir.
¡Qué importante! En la vida es poder discernir
lo que se significa lo sagrado, de lo banal.

Dicho sea, y así digo, del intelecto imperfecto,
porque es sabido que al hombre pertenecerá,
yo prefiero sin dudar siquiera, el mil veces perfecto:
don y gracia de la inspiración que solo Dios da.

Ya no existen para mí los motivadores,
porque por suerte divina, han pasado de moda,
es la necesidad, y la tierra lo pide a clamores
que no existan al menos ¡por Dios! tantos pecadores.

Serán solo pues los principios divinos, y eternos,
que el humano aplique, no por miedo a la autoridad,
sino por conciencia moral y decreto unilateral,
y cada uno de los miembros, de la humanidad.

¡Vamos! todos a cantar un himno de resonancia,
de envergadura tal, que cada ser al unísono cante,
lo cante al Rey Celestial, ya que solamente de esa
manera, por fin habrá en la tierra, la tan esperada paz.

Soneto al Vizconde de Gándara.
Abuelo, aunque sólo te conocí
mediante los relatos y lecturas,
hoy quiero contarte, decírtelo a ti,
aquellos, mis momentos de penurias.

Sufrí de hambre, y tristezas también,
que el destino, me fue propinando,
pero hubo siempre alguien de bien
que en vida me estuvo cuidando.

Fueron ya bastantes sus oraciones,
imploradas a Dios misericordioso,
por mi madre, sangre de tu sangre.

Para que hoy certero, así te digo;
ella y tú eternamente unidos
y yo aquí, con ustedes constante.

Eureka.
Contaré cuento, más bien realidad,
después de medio siglo de edad
leyendo, un día decidí escribir.
Y Eureka, Eureka, Eureka,
en poeta me convertí.

Después de antiguas profesiones,
ingeniero, boxeador e inventor,
hoy sé que tengo otras vocaciones,
soy cantautor y escritor.
Eureka, Eureka, Eureka,
en poeta me convertí.

Y escribí unos sonetos
a gente que yo admiré,
y en solo catorce versos
de once sílabas cada uno,
expresé yo para ellos
lo que sentía esa vez.
Y Eureka, Eureka, Eureka,
en poeta me convertí.

Y escribí un poema,
corte Alejandrino fue,
y a mi esposa le decía,
en solo catorce silabas
de una forma muy sonora:
 los versos que me inspiró.
Y Eureka, Eureka, Eureka,
En poeta me convertí.

Contado cuento, más bien realidad,
después de medio siglo de edad
leyendo, un día decidí escribir,

Y Eureka, Eureka, Eureka
en poeta me convertí.
Y Eureka, Eureka, Eureka
en poeta me convertí.

A Carmen Aristegui.
¡Qué manera digo yo, de utilizar la palabra
cuando se hace sin temor, muy envalentonada!
Debiera y tiene que ser, porque así se ha requerido
de los que tienen deber, de informarme a mí, mi amigo.

Un día por primera vez, la vi acá, en los Estados Unidos,
¿Accidente? No fue así, ¡Providencia del destino!
Fue tal impresión causada, en uno de sus oyentes,
que, a partir de esa madrugada, su programa sigo
ferviente.

Aristegui es su apellido, sin duda de raíz español
¡Vaya, otra vez conquistaron, a un mexicano de honor!
Mis respetos, Adela, Rocha y Loret de Mola,
Carlos Marín, Cardona y muchos más con valor,
¡Cuánto talento mi México tiene! Y yo viviendo en el
exterior.

¡Adelante! Vamos siga usted, mi periodista
y distinguida señora, porque Dios y todos saben:
que, a mi México querido, le aguardan muchos,
muchos años de amor, de libertad y justicia,
porque tiene entre sus filas, a esta excelsa periodista.

Lección Aprendida
Tuvo la gran oportunidad de opinar
acerca de cierto poeta,
más por su intelectuabilidad
no pudo ver su grandeza.

Soñador era aquel poeta en ciernes
y la llamó con toda esperanza,
a aquella sapiente, crítica juez
y que su sueño, lo apoyara.

Más no, no fue así, ¡y por mucho!
porque, aunque el poeta apelara,
aquella voz condenadora quería
que aquel bardo sepultara,
de una vez y para siempre
su inspiración pura y creadora.

Y prosiguió contumaz la predictora:
que no has nacido así, que tu léxico no es vasto,
sintiendo en cada palabra verdadero latigazo.
Pero hoy ese bardo bendice a esa su otra hora verduga,
ya que aquella endeble profeta, lo único que quería,
era que aquel poeta cimentará, muy sólido su destino.

Versos al Abuelo.
Existió un vizconde enigmático,
allá por Chihuahua, la capital;
irónico, satírico, burlesco,
cuando tuvo que enfrentarse al mal.

¡Ha! Y tuvo perfil de bohemio,
que envidio la aristocracia,
de sus versos el mundo entero,
debería saber por su gracia.

Litigante de tiempos empíricos,
donde aplicó justicia legal,
defendiendo con sapiencia,
siempre a la masa popular.

Poemas, sonetos, versos existen,
de belleza y grandiosa calidad,
y pudo haber sido catedrático
dijeron, de cualquier universidad.

Claudia Abril.
Cuando la voz se quiebra quedito en el pecho,
contrario al deseo de la propia voluntad,
de expresar cariño sincero y paterno,
a la hija que se adora y se quiere de verdad.
Entonces se llama, se acude al sentimiento,
fuente inagotable de genial creatividad,
y a tú excelso oído murmura mi verso,
armonioso el ritmo, métrico en su calidad.

Noviembre mil novecientos ochenta y uno,
ave generosa alzábase al vuelo en Paris,
y en aquél diáfano cielo, por testigo puro,
confiaba en mis manos, a mi niña Claudia Abril.
Inexorable el tiempo con máster destreza,
esculpía paciente, perfecto tu cuerpo,
ya arte dibujaba tu cara princesa,
con pincel de Reyes de linaje expreso.

Escucha Claudia atenta, mi sabio consejo,
de este joven ¿viejo? boxeador de la vida,
diránte muchos, todos: ¡Buscad intelecto!
mas yo te digo a ti: ¡Pedid sabiduría!
En tus instantes de pena, amargos y tristes,
te ofrezco eterno mi hombro, bastión portentoso,
y en tus momentos de gozo, alegres, felices,
a mi Dios ofrendo, gratitud jubiloso.

A Don Oscar Prieto Olivas.
De Puerto Lobo salió
a recorrer las praderas,
en su caballo Alazán
en aventura vaquera.

Era de madrugada
cuando encontró a su becerro,
al que hace tiempo buscaba
para ponerle su fierro.

Se había brincado la cerca
de su propio agostadero,
poniéndose en el peligro
y a merced de los cuatreros.

No era ese un simple becerro
quién motivó la aventura,
Don Oscar Prieto veía
"quél" sería su semental.

Y aquí les dejo la historia
que se vivió allá en Chihuahua,
Municipio de Julimes,
del becerro Semental.

Se había brincado la cerca,
de su propio agostadero,
pero en su dueño encontró
a un verdadero ingeniero.

A mi Padre.
Es tiempo ya de cantar, una historia verás, canto con sentimiento,
para rendirle tributo, rendirle homenaje,
a la persona causante de mi nacimiento.

Mario Valerio Fajardo cubrió su apellido, con letras de oro,
cuando dejó establecido, record imbatible,
de entradas constantes en cuatro partidos.

Hoy se los voy a decir pa' que se haga justicia, y quede constancia.
fueron veintiocho los ceros, sin una carrera
de equipos contrarios, a los que se enfrentó.

Fuiste padre inspiración, para que fuera cantante,
ya que en tu vida cantaste, y eso yo lo establezco,
porque fui testigo, del don más divino, que Dios te entregó.

Fue luchador incansable, hasta que su vida un día se extinguió,
pero en sus tiempos joviales, tuvo la experiencia,
de subirse al ring como gran noqueador.

Fuiste padre inspiración, para que fuera cantante,
ya que en tu vida cantaste, y eso yo lo establezco,
porque fui testigo, del don más divino, que Dios te entregó

Discursos, Palabras.
Discursos palabras, venal sin sentido,
de los que dirigen a la sociedad.
retórica hastiada, reflejo malevo,
de sus almas huecas, plena mezquindad.

Escuché noticia que conmocionó,
a la prensa masiva internacional,
de más de cien muertos con tanta crueldad,
en un lar lejano de nuestra nación.

¿Porqué no se escuchan, esos sus lamentos?
juraría que sordos pudiesen estar,
¿O será posible que mudos estemos?
y ni uno ni otro pueda reclamar.

Dolor sufrimiento, mas llanto vertido,
en las fosas comunes, se oye muy familiar,
cortejo entre extraños, eso sólo tendrán,
esos perseguidos de la inquisición.

¿Porqué no se escuchan, esos sus lamentos?
juraría que sordos pudiesen estar,
¿O será posible que mudos estemos?
y ni uno ni otro pueda reclamar.

Recuerdo palabras dulces de ensueño,
que espetó poeta en recinto oficial:
*que tendieran cerca de unos 12 hilos
y clavaran postas de un metro y medio
Pa' quel juez que impartía allí justicia,
se quedase adentro, quieto en su corral.
                    *Versos de Pedro Hinojos.

Cuna de la Revolución Mexicana.
Voy a cantar un corrido, que todos deben oír,
para educar la memoria, de tan bonito país.
Sucedió allá por Chihuahua, en mil novecientos diez,
el catorce de noviembre, nació la revolución.

Desde hace ya muchos años, el catorce de noviembre,
se celebra allá en Cuchillo, tan memorable suceso,
y a la mañana siguiente, se aprestan para salir,
en famosa cabalgata, los hombres de la región.

Sí señor, Cuchillo Parado, fue en donde se inició,
al mando Toribio Ortega, el cambio en nuestra nación.
sí señor, Cuchillo Parado, es quien tiene ese honor,
porque sus hombres valientes, iniciaron la gestión.

Recuerdo en una entrevista, de trasmisión nacional,
afamado periodista, un día me lo confirmó.
Ricardo Rocha es su nombre, le dijo a este servidor,
para que veas ingeniero, sabemos la información.

En la plaza de Cuchillo, de busto férreo se erige,
en honor a don Toribio, la estatua del general,
ya me voy ya me despido, téngalo siempre presente,
porque Chihuahua, en Cuchillo, existen muchos valientes,

Ya me voy ya me despido, téngalo siempre presente,
que allá en Chihuahua, en Cuchillo, México tiene valientes.

Alejandra Vals II.
Eres mi niña querida, mi bella Alejandra,
eres mi niña adorada, regalo de Dios.
Eres mi prenda valiosa, mi bella Alejandra,
eres mi orgullo divino, presente de Dios.

Por eso te quiero cantar en éste tu vals,
decirte cuanto te quiero desde que te vi,
desde que naciste y fuiste creciendo, al paso del tiempo,
yo observaba atento tu altiva mirada y donaire al andar.

¡Qué plena, qué hermosa, qué bella, que viva Alejandra!
tus risos hermosos, tus ojos morenos y caudal cabellera,
que al ritmo de vals cuando niña saltabas, allá por Chihuahua,
se movían cadenciosos al frote del viento, en esa tu escuela.

Al ritmo de vals quisiera bailar, contigo Alejandra,
de porte atractivo, cual reina adorada, mi fascinación,
volver a sentir la emoción, sentida hace tiempo,
cuando en tus quince años, artista mundial, tu vals te cantaba.

Que toque la orquesta, que todos bailen al compás, de este vals,
que en estos humildes mis versos, quise resumir,
mi orgullo cabal de haber sido el padre, feliz y encantado,
de Alejandra adorada, mi hija preciada, de inmenso valor.

Te lo juro.
De que ha valido mi amor, mi ternura, mi cariño,
si no tienes corazón.
si te has vuelto una insensible, si el amor que me tenías,
ese, ese ya se acabó.
No te empeñes en negarlo, cualquier persona sensata,
estaría de mi lado, quitándote la razón,
por demás está decirlo que fueron tus intereses,
intereses personales, lo que de mi te alejó.

Hoy te doy tu libertad, te exonero del compromiso
que hace veintitantos años, cuando joven me decías,
que te querías casar.
Te recuerdo en esta vez, que nunca yo te engañe,
que exactamente sabías, porque tú me conocías,
con quien te ibas tú a meter.

Si alguna te vez te fallé, eso fueron mis inicios,
indecisos e inmaduros, lo puedo reconocer,
pero es parte de la vida, del amor, del matrimonio,
para que pueda crecer.

Sin embargo, sabes bien, que por los últimos lustros,
siempre estuve para ti, para tus disposiciones,
no me lo puedes negar,
nunca quise anteponer, nada entonces en tu vida,
porque lo que yo quería, Dios lo sabe, te lo juro,
era tu felicidad.

Perdón

Hoy, te pido perdón, perdón de rodillas
y la vez imploro a tu buen corazón,
se apiade de mí y extienda clemente
su mano directa a tu pecho doliente,
sanando la herida por el daño causado
que una vez un día sin querer yo causé.

Hoy postrado ante ti, imploro clemencia
y con la vehemencia de un moribundo,
dispuesto a morir, te ruego te imploro
detengas el curso de mi ejecución y,
expidas sentencia de no responsable
y ese día yo pueda bajar de mi cruz.

Yo nunca pensé que algún día pudiera implorar,
mi orgullo gallardo, mi orgullo de acero me obligaba a callar,
pero es imposible de alguna manera poder subsistir,
cuando se ha ofendido, aunque no se quisiera, a alguien como tú

Jamás en la vida, pensaba algún día, pedir yo perdón,
lágrima piadosa, justicia divina de fuente benigna,
que Dios te bendiga, mi reina adorada, mi ángel de amor,
si el perdón no obtengo, entonces que venga mi crucifixión.

Fortaleza.
Qué amargo, qué triste, qué tedio es la vida
cuando no existe nada ya porqué luchar,
qué obscuro, qué pardo, qué negro es el día
cuando todo gira en contra de mi voluntad.

Sí existe en el mundo una gran soledad
cuando corro solo ante la adversidad,
Sí existe en la vida vasta vaguedad
cuando nadie escucha a mi humanidad.

Quisiera que todo por fin terminara,
que acabáse ahora este cruel sufrimiento,
que me oprime el pecho cual mortal tormento,
y dejase libre mi alma encadenada.

Pero ya no puedo usar el remedio
que el alcohol un día ayudó a mi tristeza,
así que sólo resta a mi Dios pedirle:
me dé fortaleza de afrontar tormenta.

México querido.
Adiós, adiós, adiós, tuve que partir
se llegó el momento de la despedida,
del lugar de origen, donde mis raíces,
se forjaron débil como la hoja endeble,
que mi propio árbol incapaz sostiene.

Adiós, adiós, adiós, deje yo mi casa
y con ilusiones y con la esperanza,
de buscar alivio, en un país extraño,
donde se encontraba donde me esperaba,
amorosa dicha que la vida tiene.

Espero un día México querido
tenga yo la suerte de volver contigo
porque mis raíces, son ahora fuertes,
mis ramas sostienen frutos muy sabrosos
que la vida misma, la que no entendía
cultivó por mí mientras yo dormía.

Adiós, adiós, adiós, hoy a ti te digo
que la vida tiene con toda franqueza,
eso que anhelamos, para ser felices,
en cualquier lugar donde uno se encuentre,
ya no es necesario un país extraño.

Hijo.
Hoy, he visto tu foto, tu foto querida, tu foto adorada en esa pared.
Hoy, en esa tu foto tus ojos he visto, tu cara sonriente de viva expresión.
Hoy, que has estado ausente, no puede mi pecho dejar de gemir.
Hoy, el tiempo inclemente sacude mi alma que quiere morir.

Que duro es a veces para un padre el poder permitir,
al hijo que se ama, en pos de su vida dejarle partir.
Si, es la ley de la vida cualquiera que me oiga pudiese decir,
y veces quisiera, aunque es imposible esa ley infringir.
Sin embargo, lo acepto como un día mi padre tuvo que aceptar
cuando derrotero un día y pos de la mía tuve que partir.

No importa pues hijo mío que deba sufrir,
deseo en la vida en este tu día tú puedas triunfar.
Le pido, le imploro, le ruego a mi Dios por favor sea así
y un día feliz y contento tú puedas venir.

Ha valido la pena este día poder recordar,
mediante tus fotos, recordar ese día en que te vi nacer,
mi sangre, mi estirpe, mi herencia, mi generación
mi hijo querido, no olvides nunca una foto tomar.

Recuerda hijo mío por siempre que existe un lugar
cerca de la cama en esta tu casa donde guardo yo,
mis fotografías que tuve algún día el valor de tomar;
cuando tengas tiempo y de mi, quieras recordar.

Gracias hijo mío porque al ver en tus fotos pude revivir,
tu gracia, talentos, tus dones, tu personalidad,
a la vida de corazón las gracias le doy
por bonito regalo que un día de mi vida, en ti ella me dio.

No importa pues hijo mío que no estés aquí dondequiera te encuentres y vayas, que seas feliz. Que oraciones, plegarias que a diario pido por ti surquen la distancia y en cada momento lleguen a ti.

A Rafael Higuera.
Es siempre necesario tener en esta vida,
a quien, con sabiduría, te guíe en tu derrotero;
es siempre muy importante, un guía casi infalible
que, en el camino andante, te muestre las señales.

Un amigo, un hermano del mismo sufrimiento,
confidente prudente, de tal envergadura;
que siempre haya tenido la frase, la respuesta,
en el propicio momento, de seria decisión.

Un amigo, un hermano de la misma experiencia,
confesor comprensivo, de clase espiritual;
por más de 30 años, ese ha sido el regalo,
que Dios puso en mi vida, en mi vida terrenal.

Es siempre indispensable buscar entre la gente,
a la persona idónea, que pueda conducir;
juntos los dos unidos en busca del destino
destino de la vida, y así dispuso Dios.

Dios te bendiga siempre, hermano de la vida
no existe en este mundo esencia material;
que pueda yo pagarte, si posible eso fuera,
mejor es que yo pague, con obra espiritual.

Noche perfecta.
Cuando tu sientas en la vida un penar,
y la tristeza te quiera embargar,
recuerda siempre que existe la noche,
la noche perfecta para ir a bailar.

Cuando las cosas no te vayan bien,
y la tristeza te empiece a envolver,
recuerda siempre que existe la noche,
la noche perfecta para ir a bailar,

Quiero, quiero, quiero, y quiero que esta noche
tus penas olvides y sientas de nuevo la jovialidad.
Quiero, quiero, quiero, y quiero que esta noche,
te vistas hermosa, mi dama preciosa y vamos a bailar.

yo puedo ser tú pareja de baile,
yo puedo ser quien te ayude a olvidar,
cuentas conmigo todita la noche,
y verás que mañana, distinto será.

Ay, Ay Ay.
Que dolor en el alma, que tristeza más grande,
mejor para todos es dejar de existir.
Ay, ay ay, por una traidora, me encuentro perdido,
mi vida se extingue, sin saberlo tú.

Mi hermano del alma, mi fiel confidente,
me siento muy triste y no estás aquí.
Me encuentro muy solo, solo con mi pena,
y en estos momentos prefiero morir.

No existen palabras, no existen consejos,
que mitigue en algo, este cruel sufrimiento.
Que me parta un rayo, en estos momentos,
o me pego un tiro de plano en la frente.

Qué clase de vida, es la que estoy viviendo,
no tiene sentido, no tiene remedio,
Negro es mi presente, negro es mi futuro,
maldita mi suerte, maldito destino.

Te Quiero, te Amo y te Deseo.
Te quiero, te amo y te deseo mi amor,
será posible que lo puedas dudar,
ya que me has visto en este mundo rodar,
por causa a veces de mi frivolidad.

Pero te juro y te prometo mi amor,
que estoy dispuesto en esta vida a cambiar,
solo te pido me des la oportunidad,
y entonces sabrás que eso es verdad.

Si, te fallé, te decepcioné, pero te quiero,
tú lo sabes bien,
No soy perfecto, claro que no, pero yo te amo,
y te deseo también.

Espero entonces me puedas perdonar,
solo te pido que escuches tu corazón,
estoy seguro el me comprenderá,
porque fue allí donde mi amor yo sembré.

Perdóname, compréndeme, yo aun te quiero,
y tú lo sabes bien,
No lo dudes mas, no por favor, yo aun te amo,
y te deseo también.

La Mejor Canción.

Ya no existen, desde hace algún tiempo,
canciones bonitas para enamorar,
ya no existe aquel sentimiento, profundo del alma,
y que reflejaba la esencia de amar.

¿Qué acaso, las musas se fueron,
llevando consigo toda inspiración?
dejando una estela viviente, de frases hirientes,
en cualquier canción.

¡No, no! ellas son inmortales y llegan seguras por invocación,
y entonces la vida renueva y puede escribirse
la mejor canción.

¡Sí, sí! ellas son eternas y siempre acompañan al compositor,
y entonces pueden guiar su mano, y la pluma directa,
hasta el corazón.

Quiero, quiero que tú escuches de nuevo este canto lleno de emoción,
quiero, quiero que, al oír mis versos, rompa la barrera tu imaginación,
y entonces venga a tu memoria, el bardo querido que te enamoró,
y entonces reina de mi vida, vibres tú de nuevo con esta canción.

Quiero, quiero que la llama ardiente no muera silente por obstinación,
quiero, quiero que el amor perdure, y aunque tú madures, sigas siendo flor,
y entonces puedo asegurarte, que, aunque el tiempo pase, te diga mi amor:
las frases, los versos hermosos, para enamorarte con esta canción.

Fracasado.
Que fácil decirle a la gente les voy a servir,
que absurdo pedirle a la gente que voten por mí,
yo sé que es infame pedirles de nuevo confianza,
cuando sé en mis adentros que siempre les voy a fallar.

Soy necio lo juro ante ustedes, esa es la verdad,
no tengo madera de plano para poder construir,
un mundo seguro y hermano donde se pueda vivir,
en completa armonía y total empatía por siempre jamás.

Debiera una vez en mi vida tomar decisión
y alejarme de tajo del fácil trabajo según pienso yo,
de aquél que amerita en todo momento mi honestidad,
ya que niños, jóvenes, y adultos dependen de mí.

¿Quién me dijo a mí en su momento que tenía la cualidad?
de ser líder valiente y honrado, además de cordial,
de que soy un talento creativo de ideales de mucho porvenir,
de que tengo proyectos y metas confiables también para ti.

Debiera una vez en la vida aceptar la verdad
de que soy un fracaso y con mucho retraso me doy cuenta yo,
que no aspiro siquiera a tener gobernabilidad,
ni en la calle allá afuera, ni aquí adentro en mi casa,
donde vivo yo.

Mexicanos: Interdependencia.
Ya hemos librado dos guerras
en tierras muy mexicanas,
no quisiera que otra más pasara,
en donde vive la virgen morena.
Desde hace tiempo yo he sabido
que ha sido injusto el destino,
que no importa talento creativo,
que siempre ha existido
mostrando el camino.

Mirando desde el exterior,
con tristeza los acontecimientos,
pero la esperanza en mí no ha minado,
de que un día estaremos contentos.

Yo soy un compatriota de ustedes,
mexicano radicado en el exterior,
unamos nuestros corazones,
al ritmo de ésta mi canción.
Yo soy un compatriota de ustedes,
mexicano radicado en exterior,
unamos todos nuestras voces,
por ésta nuestra gran nación.

La experiencia le ha demostrado a mi ser
que en la vida existe mucho sufrir,
porque cualquiera quisiera tener,
primero antes que compartir.
Esta es mi teoría muy personal,
que debería de sustituir,
la llamada independencia,
por la nueva interdependencia.

No Cambies por Favor.
Que la tecnología,
que la computación,
que las redes sociales,
que la comunicación.

Que se activa al celular,
que se conecta al internet,
todo esto está pasando,
ay con mucha rapidez.
todo ya sido cambiado,
todo en aras del poder,
espero que tu no cambies,
mujer por otro mi querer.

Que cambie la rutina,
que cambie la razón,
que sube y baja el dólar,
que sube la inflación.
que las resoluciones,
producto del dolor,
que buenas intensiones,
gobiernan el corazón.

No importa el crecimiento
no importa la expansión,
yo solo pido que me quieras
y no cambies por favor.

A las Mujeres.
A las mujeres hoy les quiero yo cantar,
a las mujeres con todo mi corazón,
aquí les canta el bardo desde su balcón,
canción hermosa que las pueda enamorar.

Son flores bellas que brotan de la creación,
rosas hermosas que se pueden cultivar,
con lluvia suave que emana del manantial,
con versos claros que nacen de la pasión.

Mujeres guapas son toditas las mujeres,
mujeres lindas que habitan en el jardín,
aquí lo dejo yo muy bien establecido,
que son ustedes nuestra razón de vivir.

Lo tengo claro nadie me puede negar,
que sin mujeres dejaríamos de existir,
en este mundo nadie me puede decir,
jamás un hombre me podrá contradecir:

Que las mujeres son la fuerza del amor,
que las mujeres son la llama de pasión,
que las mujeres son fuente de inspiración,
del sentimiento que nace del corazón.

Ay que Sabrosito.
Ay que sabrosito es este ritmo pa' bailar,
tomen su pareja porque el baile va a empezar,
en este momento todos vamos a bailar,
que viva la fiesta con ambiente a todo dar.

Ay que sabrosito, si muy sabrosito,
vamos pegaditos todos juntos a bailar.

Olvida el trabajo que dejaste sin hacer,
las desilusiones y las penas del querer,
olvida las deudas que tuviste que pagar,
a nadie le importa tu problema personal.

Ay que sabrosito, si muy sabrosito,
vamos pegaditos todos juntos a bailar.

Me Salvé.
Quiero que me olvides
que contengas tus deseos,
tus anhelos, tus desvelos
porque yo ya no te quiero,
tú estás muerta para mí.

Fuiste una de tantas
golondrina pasajera,
peregrina, ave viajera
eras solo una quimera,
para mí.

Fuiste solo un juego,
una alegre farsa,
fuiste solo un sueño,
y ya me desperté.
Fuiste un desvarío,
en mi mente incierta,
quizás un peligro,
pero me salvé.

Quiero que me olvides
que te vayas de mi vida,
que te alejes de por vida
porque a ti ya te olvidado,
tú estás muerta para mí.

Fuiste mal de amores
pa' calmar mis sinsabores,
peregrina, ave de paso,
con muy malas intenciones,
para mí.

Soneto a un Magnífico Abogado (Adolfo Baca Magaña).
¿Son armas blancas, manos del boxeador?
en ministerio, alguien lo formulaba,
¿Era posible, serian cuchilladas?
aunque no fuese, siquiera el agresor.

La interpelada atónita quedó,
la pregunta le generaba duda,
sólo un experto en la jurisprudencia,
cual ajedrez, a la Reyna acorraló.

En el proceso Fito Baca lo estableció,
se perfilaba cual digno sucesor,
de Oviedo Baca, padre progenitor.

Y en combate legal que me encontraba,
ganó mi caso con firme garantía,
Adolfo "Fito" Baca, mi defensor.

Allá Dios Que Dios te Perdone.
Cuando más necesitaba de tu amor, de mí te fuiste,
la belleza del amor que me tuviste, convirtió en divagación
en penar mis horas tristes, náufrago en el mundo real,
de la vida un ignorante.

Por cavar mis ilusiones, por dejarme tu de amar
por tus falsas pretensiones, casi me quise matar.
me enviolviste entre tus redes, que lanzaste en altamar.
ahogaste esas mis pasiones, imposible de escapar.

Por desgracia en esta vida, lo que tiene que pasar,
pasará, aunque no lo quiera, y no lo puedo evitar.

Sin embargo, yo te digo, te deseo felicidad,
porque no tengo el derecho, de causarte ningún mal.
que hayas encontrado amores, como amor que yo encontré,
allá Dios que te perdone, porque yo te perdoné.

Por desgracia en esta vida, lo que tiene que pasar,
pasará, aunque no lo quiera, y no lo puedo evitar
Por desgracia en esta vida, alguien tiene que sufrir,
pero ya todo es pasado, y hoy me toca sonreír.

Pecados Capitales.
El orgullo del hombre pieza amada
me envilece y el alma me corroe,
disfrazado de duende por la noche,
con careta de mago por el día.

La avaricia cabal desmesurada
me conduce a adorar todos los bienes,
materiales por cierto desechables,
utopía, falacia de la vida.

La lujuria, la eterna babilonia
de raíces profundas ancestrales,
destrucción de reinos imperiales,
y a la gente convierte en desgraciada.

La ira cierto, muy mala compañía
con cara dura expresa sus temores,
la voz exalta cual gritos de tambores,
arma letal que a todos aniquila.

De los placeres disfruta la gula
justificando disque el buen comer,
y con excusas te pones a beber,
y al último vamos a ver quien la regula.

La envidia de la buena o de la mala
no importa pues de donde ella procede,
a la mujer y al hombre los mantiene,
sin disfrutar lo que les engalana.
La pereza a todos paraliza
y es del mañana la hora del quehacer,
y para después son esas las labores,

del obrero urgido por la prisa.

Por omisión posible perdonados,
por comisión seguro condenados,
por venia propia, es nuestra decisión,
medita entonces en esta mi canción.

Bella
...Su nombre he pronunciado
desde entonces sin querer,
sus labios yo he besado
con pasión y candidez.

Ella ha llenado con caricias
el vacío existencial,
que el dolor en el pasado
dejó huella digital.

Nos amamos nos queremos
en la dicha y el dolor,
en lo triste y en lo alegre
crece tanto nuestro amor.

Vamos mi bella
prosigamos nuestro porvenir,
que lo hermoso de la vida
acompañe nuestro amor.

Vamos mi bella,
¡acompáñame a la eternidad!
que disfruten nuestras almas,
que trasciendan nuestros cuerpos,
de éste nuestro eterno amor.

Mi Novia Querida.
Irrelevante será lo que hayamos vivido,
en el pasado de lo individual,
pues como el dicho: es cuestión del destino,
que un día propicio Dios nos juntará.

Para vivir el proyecto de vida,
al que tenemos derecho a alcanzar,
por ser personas que siempre sembramos,
en tierra firme de fertilidad.

Nuestros caminos fueron diferentes,
en el principio de la juventud,
y por la gracia y el don del destino,
convergerían, en el mismo lugar.

Aquí te espero mi novia querida,
serás la fuente de felicidad,
y yo seré quien, con mucho cariño,
te inspire siempre con intensidad.

Que Dios bendiga por siempre al destino,
por infalible y vaya, por cumplidor,
y agradecidos nosotros cumplamos
con compromiso dicha bendición.

Te Equivocas.
¡Oh que gran desilusión!
y apenas yo me enteré,
que me dejabas ayer,
que me dejabas por otro.

¡Oh que grande decepción!
ahora yo lo comprobé,
me abandonas por aquél
dejándome aquí muy solo.

Sé que me estas provocando
rendido me quieres ver,
y que postrado a tus pies
yo te siga suplicando.

por lo tanto, te equivocas,
ahora te lo hago saber,
si a pelear tú me provocas
seguro te venceré.

Me haces llorar por un día,
también te lo hago saber,
pero por abandonarme,
llorarás toda tu vida.

Este día estoy sufriendo
mañana yo me reiré,
de aquél con quien tú te fuiste.
de aquél y de su mujer.

Solo.
Solo, me encuentro tan solo,
solo, en este lugar.
solo, me encuentro muy solo,
y en este momento, quisiera llorar.

Solo, me dejaste solo,
solo, con mucho dolor,
solo me queda el recuerdo,
y no tengo a nadie qué hablar.

Te fuiste, llevándote todo,
te fuiste, dejándome aquí,
espero que encuentres con ello:
la dicha, de verme sufrir.

Por Todo Eso.
Por todo eso que me haces sentir,
desde el momento en que te conocí,
por todo eso que me haces vibrar,
desde el momento en que te pude amar.

Por todo eso que hemos vivido amor,
quiero decírtelo en esta canción,
lo que realmente significas tu para mi,
te lo comparto abiertamente, y con pasión.

Que no se quede guardado nada en el rincón,
ningún secreto, ninguna duda o vacilación,
hemos nacido el uno para el otro, por designación,
de quien decide todo en este mundo con mucho amor.

Quiero decirte que en mis adentros existes,
que eres indispensable para respirar,
que no hay momento en que te aparte de mí,
de mi mente, de mi conciencia y mi corazón.

Porque te quiero mi chiquita, mi gran amor,
porque quiero que sientas lo mismo, que siento yo,
ay que vivo lleno, y tú vives plena, con mucho amor,
si mi chiquita, si mi princesa, mi dulce amor.

ay, mi chiquita, mi chiquita, mi gran amor,
ay mi chiquita. si mi dulce............amor.

Mi Sin Razón.
Quiero que todos sepan de mi dolor,
la pena más amarga que tengo yo,
Y quiero que no se apiade nadie de mí,
la cruz que llevo al hombro, solo por ti.

Nadie comprendería en ningún momento
a mi corazón,
cuando tú lo desprecias siempre, y mi inconsciente,
te quiere más.

Quiero vivir a solas con mi dolor,
lágrima muy secreta que lloro yo,
y quiero que nadie juzgue tu proceder,
víctima he sido siempre de tu desdén.

Nadie, lo juro nadie, entendería,
mi sin razón,
de amarte, aunque destroces, día por día,
mi corazón.

El Zacatón.
Qué lástima que eres débil
para poderte enfrentar,
aparte eres un cobarde,
no me lo puedes negar.

Te has refugiado en las faldas
pa' evitar confrontación,
y eso de ti no me extraña,
pues eres un zacatón.

Pensaste con tus intrigas,
me ibas tu a mí a destruir,
pero cuan equivocado,
pues te la voy a partir.

Si un poco de honor tuvieras,
acepta confrontación,
te reto al duelo que quieras,
para lavar yo mi honor.

Nunca has tenido vergüenza,
ni agallas, ni pundonor,
mucho menos valentía,
ni dignidad, ni valor.

Por eso te encuentras solo,
a nadie le ha de extrañar,
porque mujer ninguna,
de ti se va a enamorar.

Vamos Todos a Reír.
Yo me rio de la vida si,
porque siempre he sido muy feliz,
yo me rio de la vida si,
porque siempre he sido muy feliz.

si una piedra en el camino vi,
patadita alegre yo le di,
si una piedra en el camino vi,
patadita alegre yo le di.

Quiero que sepan todos,
que no deben sufrir,
no quiero a nadie triste,
vamos todos a reír.

Vamos, vamos todos a reír,
ya que nadie debe de sufrir,
vamos, vamos todos a gozar,
ya que nadie debe de llorar.

Vamos, vamos todos a bailar,
esta música tan especial,
vamos, vamos todos a cantar,
esta canción de felicidad.

Por qué no Llamas.
En esta tarde lluviosa, triste y nublada,
que me llamaras mirando al teléfono quisiera,
para escuchar tus palabras sinceras,
y así arrancar de mi alma, melancólica tristeza.

Para olvidarme, aunque fuera un segundo,
del sufrimiento cabal que me embarga,
de ese veneno que hiere y que mata,
de mi pasado que en celda me atrapa.

Porque no llamas, porque me abandonas,
tú eres tan sola mi real esperanza,
que sobre mí entonces la muerte ronde,
cuando silente una vez más, la noche caiga.

Su Legado.
Nació, creció, vivió,
para impartir la nobleza,
para cuidar la belleza,
del mundo que le rodeó.

Nació, creció, vivió,
para servir con largueza,
para apagar la tristeza,
de quien le prestó atención.

Amaos los unos a los otros,
Jesucristo lo estableció,
fue ese nuevo mandamiento,
del verdadero hijo de Dios.

Del amor fue partidario,
y en vida lo demostró,
su legado es consagrado,
a todo el que le escuchó,
este mundo ha mejorado,
por lo que Jesús enseñó.

Amaos los unos a los otros,
Jesucristo lo estableció,
fue ese el nuevo mandamiento
del verdadero hijo de Dios,
todo el mundo ha mejorado,
Por lo que Jesús enseño.

No Importa.
No importa que me abandones
y que me dejes tú, sin razón.
Que en vano te haya querido
y así destroces sin miramientos: Mi corazón
Qué triste es que me olvides
y no te acuerdes, del gran amor,
que un día te concedía,
y día tras día, te amaba yo.

No importa que hayas partido,
y en tu partida, perdía tu amor,
No importa, ya nada importa,
sólo me dejas, cuando te alejas,
sin compasión.

Qué triste es que la gente
de mi se apiade y comentará,
el día que yo me muera
seguramente por tu querer,
de aquél que perdió la vida,
y ante su tumba recibirá;
un ramo, ramo de flores
cuando ya nunca, necesitó.

No importa, ya para entonces
no importará, que flores de
parte tuya y ante mi tumba,
claustro final, inertes ellas,
reposen tristes, sobre el cajón,
cuando se extinga por fin
mi vida, y con mi muerte,
al fin, te diga adiós.

Soledad.
Cuando más te necesito, me encuentro mas solo,
se escuchan gritos de silencio por doquier,
y respondo a tu sórdida voz cuando me llamas,
al voltear mi mirada: Soledad,

He de amarte por siempre, aunque me duela,
en paredes de esta casa desolada,
por los días y las noches consagradas,
al silencio constante: Soledad.

Y he de amarte así por regla del destino,
que se impone a mi loca obstinación,
de esperar por siempre a quien no llega,
pero tú estas a mi lado: soledad.

He dicho y he de decirlo una vez más,
que al mundo éste, una vez, sólo llegué
y un día probable, quizás mañana sea
con mi amada soledad, yo partiré.

20 Años.
Tuvieron que pasar veinte años,
y qué triste venirme a enterar
que cuando mas creía que tenía,
perdía, imaginando tener más.

Veinte años tendrían que pasar,
y de mi ceguera por fin pude ver,
que había invertido mi vida, cabal,
en sueños puros, quimeras del mal.

Que pretendía siempre sin considerar,
a quien afectaba, con mi pretensión,
de obtener placeres, todo el tiempo de amor,
causal casi siempre, de mucho dolor.

No fue nada fácil poder entender,
que destruía mi vida y la de las demás,
al imponer los dioses de clase carnal,
a los valores de muy alta moral.

En el Juicio Final.
Se me hacen agobiantes
las horas este día,
y luego por la noche
me impiden conciliar;
el sueño que yo ansío
y así de esa manera,
inmerso en la inconsciencia,
pudiera no pensar:

Que me has abandonado,
dejándome en las sombras,
del sufrimiento espejo
y en él puedo mirar:
Que nunca me has querido
que nunca me quisiste,
fueron solo palabras
fingidas de tu amor.

Yo solo te deseo
cuando al final te juzguen,
tengas los fundamentos
y puedas defender,
tu causa ya perdida
porque no defendiste,
el amor que te brindada,
en su oportunidad.

Reconocer.
Ahora sí, ya no me queda la menor duda,
qué triste es enfrentar la realidad,
y que a pesar que la gente me desmiente,
muy en el fondo, en mi interior, sé la verdad.

Caí, del pedestal mas culminante,
en donde nuestro amor un día, me colocó,
mas por tu amor por otros fue más grande,
que te perdí, lo reconozco, con dolor.

Qué vale más, acaso en esta vida,
cuando tal pérdida ha sido la mayor,
solo me queda seguir mi derrotero,
que un día el destino en el pasado me trazó.

No sé si vivo, o quizás esté ya muerto,
solo me aferro, yo a cantar mi funeral,
y espero nunca, jamás tú te arrepientas,
sigue con ellos, feliz, hasta el final.

En un Año Nuevo.
Últimos minutos de un año que termina,
se acerca ya muy pronto el 2016,
escucho esos, fuegos artificiales,
acribillando a este año, hasta morir.

Se están yendo de tajo, sin querer,
alegrías y abrazos que coseché,
se están yendo también sin regresar,
las tristezas y las penurias que pasé.

Ya no tengo una copa por brindar,
las quebré hace tiempo en navidad,
mas con agua ¡Mejor con un café!
acompaño en el velorio al que se fue,

Son las 12:00 de repente alguien gritó,
y ha nacido pese a toda adversidad,
a la guerra, al exterminio y la maldad,
el año nuevo que nadie detendrá.

Les deseo a quien me quiere, y a quien no,
la alegría, la armonía y felicidad,
la abundancia, bendición, prosperidad,
y en la tierra les deseo yo la paz.

Por el Amor que tú me Tienes.
Fui un solitario de la vida en este mundo
donde el amor es muy difícil de alcanzar,
esa sería mi soledad, mi penitencia,
y así el amor, jamás un día yo iba alcanzar.

Pero llegaste, apareciste tú en mi vida
y entonces todo, todo, todo iba a cambiar,
por el amor que del principio tú me diste,
asegurándonos plena felicidad.

Por el amor que tú me tienes,
fuiste capaz de soportar,
tu mis flaquezas, mis tristezas, mis penurias,
tornando todo eso, sí, en felicidad.

Por el amor que tú me tienes,
fuiste capaz de renunciar,
a todo aquél que pretendía conquistarte,
el corazón, que en su momento conquisté.

Hoy te bendigo, te venero, te idolatro,
hoy te deseo, te amo tanto más que a mí,
y hasta la vida si algún día me pidieras,
dispuesto, presto, sin dudarlo, daría por ti.

Que se oiga fuerte, y que se sienta, y que retiemble,
en este mundo "pa" probar una verdad:
que me amas tanto como pueda imaginarse,
y de la misma forma, igual, yo te amo a ti.

Por el amor que tú me tienes,
fuiste capaz de superar,
cualquiera piedra que cruzáse en el camino,
en el camino de nuestra felicidad.

Por el amor que tú me tienes,
fuiste capaz de entrelazar,
tu mano suave a la mía y yo en respuesta,
besar tus labios amoroso, hasta el final.

Leticia.
Cuando mas solo me encontraba,
sin esperanza y sin amor,
como agua dulce tu llegaste,
para saciar mi sed de amar.

Parece ser que te esperaba,
como se espera al que se va,
y en la estación de los deseos,
llegaste tú, felicidad.

Leticia, sí, mujer de ensueño,
te has convertido en realidad,
dejando inerte, a la tristeza,
tornando todo, en felicidad.

Leticia, sí, mujer amada,
no existe nada ya por desear,
porque yo en ti, todo lo tengo,
no falta nada, soy muy feliz.

Espero que sientas lo mismo,
exprésalo con la verdad,
que soy el hombre que esperabas,
en el camino, en el andar.

Ven, vamos mi amor, no te detengas,
dame tu mano al caminar,
la senda de nuestro destino,
desde el principio hasta al final.

María.
Después de cruel infierno, incólume ante el dolor,
de noches tenebrosas, vagas, locas de embriagues,
de insomnio delirante, ¡Ah! gélida lobreguez,
crucé al final triunfante bajo el pórtico de amor.

Sus ojos perlas negras haitianas o españolas,
parpadeo rítmico al final me cautivaron,
María, ese es su nombre, bíblico, sagrado,
igual que el primer nombre de la Virgen morena.

Eternamente adeudo nota, factura de honor
a María mi consorte, y ahora madre feliz
de nuestro dos lindos retoños: Alejandra y Luis,
esa nota la rubrico con tinta del corazón.

¡Vamos amigos bailad al son familiaridad
que la música jovial os guie a la prudencia,
y oda al altísimo por agudísima gracia,
y cuide al mundo y mi casa, el Arcángel de la Paz!

El Amor o la Amistad.
Hay dos cosas muy preciadas:
el amor y la amistad,
por desear al ser amado,
estoy perdiendo su amistad.

Amarte es mi pretensión
quiero amarte con locura,
con delirio y con ternura,
con vehemencia y con pasión.

Cuando te lo sugerí
Blanca de mi corazón,
éstas fueron tus palabras:
eres bueno como amigo
y al estar comprometidos
voy a perder tu amistad.

En mi desesperación,
recuerdo te supliqué,
Blanca de mi corazón
dame un sí como respuesta,
que no ves que estás perdiendo,
para siempre mi amistad,
ya que yo mejor prefiero,
ya que yo mejor prefiero,
el amor que la amistad.

Soneto al Maestro. (Licenciado Oviedo Baca García)

En México se estaba preparando
hace ya bastante tiempo de vida,
con inteligencia muy desmedida,
un licenciado, jurista y notario.

Siendo hijo de un empírico abogado,
originario de Ciudad Camargo;
los clientes a quien ha representado
felices, satisfechos han quedado.

Le predijo su destino en la infancia,
él, quien de jurisprudencia sabía,
probable no me recuerde, mi amigo,

Le espeto que soy de la descendencia
del Vizconde, poeta, adivino
que acertó, ¡Vaya que clase de tino!

Buen Sembrador. (Al Rector de la UACH, Antonio Horcasitas Barrio)
Estuvo ahí cuando más necesité
de auxilio, titánico es el martirio
de la inopia, cuna en que se es nacido;
¡Y era yo apenas, un novel estudiante!

Más todo trastocó en un campeonato
boxeando por mi gran Universidad;
el rector, con fértil generosidad
premió mi pundonor, estoico y vasto.

Cual génesis de semilla sembrada;
de la ignominia brotó la bonanza
bucólica, agreste, muy natural.

¡Va mi rezo adondequiera te encuentres!,
y que mi corazón cordial te exprese:
Antonio eterno, has estado en mi mente.

Me Tienes Aquí.
En estos mis versos en esta canción,
te amo por siempre, te quiero decir,
y aunque el tiempo transcurre, cual causa normal,
mi amor es eterno desde la primera vez.
Qué dicha, qué gozo, qué arte seducción,
esa que tenemos desde la primera vez,
Qué bella, qué hermosa, es nuestra pasión,
pero más intenso es que me tengas
siempre, desde la primera vez.

Cuando las hojas veo yo caer
en este amanecer del triste otoño,
los recuerdos vienen hacia mi
de aquel día tan feliz, de nuestro encuentro.
Entonces tu cara de reina
tu pelo de seda, cae sobre tu piel;
las rosas, flores primorosas,
vierten su perfume con aroma a ti.

Cuando la nieve veo yo caer
en este atardecer de crudo invierno,
mi memoria viaja hacia el ayer
y recuerda con placer, nuestro romance.
Entonces tu cuerpo de Venus
como afable fuego calienta mi piel,
la llama del amor se enciende
y otra vez de nuevo me tienes aquí.

Quién Eres Tú.
Besé tus manos, besé tu boca
dejé que el tiempo marchara lento,
para olvidarme del sufrimiento
besé tus manos, besé tu boca.

Aquella tarde, lluviosa, hermosa,
dejé al olvido mi triste llanto,
y aun ritmo suave, muy amoroso
besé tus manos, besé tu boca.

Quien eres tú porque me transformas,
cuando estoy triste y después contento,
cuando yo beso tus tiernas manos
y cuando beso tu linda boca.

Soneto (al Rector de la UACH Enrique Seañez Sáenz)
En momentos en verdad importantes
otra vez se me ha sido confirmado,
nuestro lema por apoyo brindado,
del Rector, para quien fuera estudiante.

Pretendía dos fechas memorables
del Paraninfo Recinto Sagrado,
un ideal, un sueño universitario,
se cumplía, sucesos inolvidables.

No tenía el gran honor complaciente
que al estrechar las diestras se comprueba,
en virtud de una, muy larga frontera.

Y que divide dos grandes naciones,
pero jamás a quien tiene carrera,
Jesús Enrique, Rector del presente.

Para mi Amigo, Ariel Fernández Gardea.
De mente prodigiosa, notoria de verdad,
me consta mis amigos lo pueda aseverar
con pruebas y experiencias, no se puede dudar,
que Ariel Fernández tuvo en la Universidad.

De piernas portentosas y puño demoledor,
también de eso doy seña que Ariel así nació,
y peras y costales sintieron el dolor
y a uno que a otro "gallito" Ariel los silenció.

Es mío, sí el orgullo, de ser amigo fiel
compañero estudiante de misma vocación,
es ya pues ingeniero, también fue boxeador,
eso es exactamente, mi buen amigo Ariel.

A mi amigo/primo, Alfredo Ontiveros Hinojos.
Dicen que esto es Parral: La capital del mundo,
y así debiera ser, por lindo y mas ¡Por culto!
no es de extrañarse pues, que de su tierra broten:
doctores, profesores, poetas e ingenieros.

Pero un profesionista que merezca mi respeto,
tiene que ser muy bueno, valiente y muy honesto,
eso es precisamente Don Alfredo Ontiveros,
político, ingeniero, de esos, ¡De los buenos!

Ya un poco entrado en años, y con mucha experiencia
decide incursionar en la jurisprudencia,
y no hace mucho tiempo de la Universidad egresa
mostrándonos a todos, de nuevo su sapiencia.

Con el Pasar del Tiempo.
Voy caminando porque correr, ya mas no puedo,
la distancia que en la vida tengo que recorrer,
me ha quitado un poco fortaleza, la energía
aquella si muy mía, vibrante que tenía.

No me apeno ni mucho menos me arrepiento,
puesto que orgullo bravío me sostiene
y después de haber una que otra vez caído,
mas no vencido de pie de nuevo, me sostengo.

Pasó mi juventud pasaron sí, mis años mozos,
y a sorbos, tragos, me bebía la vida entera,
y brindaba de amor, de placer muy jubiloso
no había temor, preocupación, quién lo dijera.

Sí, voy caminando porque correr, ya mas no puedo,
pero a ese ritmo puedo ver más, más claro el cielo
y vislumbro cada vez más, verdad en la tierra,
y en la distancia que recorro, tierra me espera.

A mi compadre, Víctor Flores, Mr. ¡Wow!
La gente le llama compadre al amigo
compadre al vecino, compadre le claman,
mas yo te bautizo: compadre del alma
compadre de vida, compadre mi hermano.

Que Dios te bendiga en todo camino,
en toda jornada, que empieza contigo.

Has sido un oasis en tiempos de seca
cuando me he sentido un desfallecido,
me animas, me dices, palabras de alivio
cuando me he sentido, enfermo, perdido.

Que Dios te lo pague, con creces tu tiempo.
Víctor, mi compadre, que en mi has invertido.

Al "Tío" Grijalva.
No pudiera jamás, dejar yo de escribir,
aunque fuese una estrofa, pero con sentir,
y dedicada ¡Eso sí! con gratitud:
a Rafael Grijalva hombre de virtud.
Es ejemplo vivo ¿Quién me puede negar?
-y aunque la vida dura y difícil vivió-
de esposo, abuelo, amigo y padre excepcional,
de hermano y "Tío" Grijalva, "Pa" quien le conoció.

ACERCA DEL AUTOR.

El autor nació en la ciudad de Chihuahua el 2 de junio de 1957. Fue profesor de Biología y Zoología. Se graduó como Ingeniero Zootecnista en la Universidad Autónoma de Chihuahua. Tiene un Bachelor Degree en Agriculture with Emphasis on Animal Science in USA. Emigró a los Estados Unidos en 1990 y trabajó en importantes compañías como la Brown and Root que depende de la Halliburton Energy Services para la cual presentó un invento: The Divider on Lay Outs. Trabajó también como Lay Out Man First Class en las plataformas petroleras, siendo uno de los responsables para reparar y construir plataformas petroleras.

Orador y conferencista internacional en los temas de oxidación y nutrición celular. Una de esas intervenciones la llevó a cabo en el Energy Solutions en Salt Lake, UTAH en la Convención Internacional de USANA Health Sciences ante 10,000 espectadores de 14 países. Es también un inspirador de naturaleza espiritual.

Autor del libro "El Boxeador de la Vida Por Experiencia Propia y su versión en inglés: "My Lifetime Fight" Ha sido por los últimos seis Años escritor y colaborador en el Heraldo de Chihuahua de la Organización Editorial Mexicana. Es poeta, compositor y representante artístico a través de su compañía Jose Valerio Publishing Music Editor.